AQUARIUS

AQUARIUS

AQUARIUS

AQUARIUS

Enjoy是欣賞、享受，

以及樂在其中的一種生活態度。

後青春

優·雅·的·老

丘引——著

Beyond Young : Get Along with Your Golden Age

【好評推薦】

有人會對「老」這麼有信心，這麼期待，並非尋常。對很多人來說，「老」多少會帶來焦慮與不安。壯年有成的，常緬懷過去；壯志未酬的，想加班趕工；準備不及的，怕老來孤苦；無從準備的，任歲月擺布。總之，對大多數人來說，老是無從迴避的，但可以讓它遲到、晚到或壓縮到無感。丘引以一位只修少少的老人學課程的中高齡女性，竟然可以把老化準備寫得這麼傳神。連我這個研究高齡社會的學者都看得津津有味。佩服！

——**林萬億**（臺灣大學社會工作學系教授、臺灣老人學學會理事長）

自序／

這本書是橫跨台灣和美國寫成的。六月中，從台灣回到在美國就讀的大學小鎮梅崗城，我繼續未完成的書稿。我先在走路五分鐘的華盛頓圖書館寫作，因氣溫太舒服，不需冷氣，遂改成在自己的公寓繼續平頭樂幹。

我的公寓是很舒適，很心寬明亮的地方，有兩個房間、一個客廳、一個廚房和一個衛浴，但共有九扇大窗戶。而且，每扇窗外都是綠油油的樹，視野非常好，香氣撲來，令人神清氣爽。

於是，我大幅的調整了書的結構，加入更多美國的養老，讓才進入老年國二十年的台灣，得以向七、八十歲的「老國」美國探頭。我想，那樣的老，會老得更迷人、更優雅、更健康，也更長壽。也因這樣，我的書桌，有幾十本從圖書館抱回來、關於美國老年的書做參考。

我將自己閉關，日夜不停的寫。為了全心寫作，我吃了不少慈濟的香積飯、香積麵，和美國超市的冷凍食物，以及自己用烤箱烤的各式麵包和烤肉及烤蔬菜。那些省時省力快速的食品，解決了我寫作時的民生問題。

這段時間寫書的心情，非常舒爽和快樂。我中年到美國求學，在大學裡，我主修數學，還跨心理系修「老年學」，就是想對自己的老年有所認知，提前做準備，同時也藉此可以瞭解我的媽媽，和一些「老」朋友們晚年的處境。

我對自己還有九年就要進入老年世界的熱愛，是有點瘋狂的，很像探險一樣，非常有誘惑力。我抱著無比的喜悅，要為自己創造一個永遠活力十足，又優游自在的「老少年」。

二〇一三年二月底，我在東京機場轉機回台灣。第二天天未亮，我迫不及待的起床，胡亂盥洗，衣服亂套，就趕緊穿越馬路到家對面的植物園慢跑。

我像是點名官一樣，一一地對在植物園運動的「老」朋友們點名。他們也欣喜的大叫：「妳終於回來了！」

這是每一次我回台灣的戲碼，老戲總是重演。每一次，我也為那些「老」朋友們拍照，順勢看看時間機器在他們身上施展的魔術。

跑了幾圈，我發現一些「老」朋友不見了；卻也同時發現，加入了一些新的「漸老」面孔。

植物園的一些「老」朋友都知道我在美國上大學。有的「老」朋友眼睛昏花，不好意思的問我：「妳有三十好幾吧！」知道我是四年級後，他們慷慨的說：「看不出來。」當他們知道我在美國讀的是數學系，更是豎起大拇指說：「讚！」有的「老」朋友開玩笑道：「妳這種年紀還敢到美國讀大學，害我不敢老！」

原來，我在美國讀大學，對「初老」、「中老」和「最老」居然有影響，實在出乎我意料之外。

有的「老」朋友幾天不見我去運動，見了面就說：「怎麼只有初一、十五才看到妳？」不經意中，洩漏了他們難以排遣的寂寞。

有的漸老族推著嬰兒車在植物園散步，也許染髮，身材又保養得宜，臉上可能也拉了皮，笨拙的我實在看不出他們的實際年紀來，誤以為推的是他們的孩子，猛讚美孩子多聰明漂亮，長得多像父母，答案卻總是：「是孫子，我老了，沒啥價值了，現在是廢物利用。」有點哀怨，就像棄婦。

三十幾年不見的高中同學，在同學會中見到我，來不及寒暄問狀況，就對我發出怒吼：「妳要去染髮，這樣至少可以年輕十歲。」還有一個同學甚至對我說：「我受不了妳頭上的白髮，拜託妳去染染吧！」也許，我的白髮刺痛了她們內心怕老的情結。「可是，我喜歡我擁有的一切，包括年紀和白髮。」同學聽了我的抗辯，無不說我是怪咖。

後來碰到更多人，不論陌生或熟人，也要我去染髮。一個老來得子的朋友說，她怎敢不染髮：「不染髮，不被孩子的同學誤以為我是孩子的阿嬤才怪！」她告訴我：「染髮年輕二十歲，有利親子關係。」還有一個穿著很辣，開了一人公司的單親朋友說她得賺錢養家：「若不染髮，誰和我做生意啊！」一個高中同學說：「染髮都已經被長官逼退，不染髮還得了！」原來，台灣早就實施全民染髮運動，看來健保局應該將染髮列入健保給付，以利全民健康年輕。

在台灣三個半月停留，我幾乎天天與「老」相處。朋友相聚，自是談老。陌生人相遇，也談老。唯有西門町，踢老。那兒一面倒，賣的衣服、飾品和飲料，幾乎都是給俊俏迷人的年輕人。而相隔不遠的龍山寺周遭，卻是純老。真是一樣世界兩樣情。

六月十七日，我又搭機了。鄰座是大學剛畢業的帥哥，和我用英語聊天。說是第一次出國，興奮不已，要去美國蒙大拿州進行「打工三個月和旅行一個月」的打工旅行計畫。他問我到美國做什麼？「去讀大學」，我說。

那年輕人看著我頭上的白髮，眼睛睜得像銅鑼那麼大：「妳，妳，妳要去美國上大學？」

我差點想說，你少見多怪，但隨即改口：「是啊！像我這樣的大學生，在美國大學校園多的是。」

在亞特蘭大下了機，我給獨居十幾年的好朋友安妮塔打電話，祝賀她八十六歲生日快樂。在話筒的那一端，精神奕奕的安妮塔很高興地向我報告，晚上她的生日派對有誰參加，問我是否要來？「如果妳要來，我可以派兒子到機場接妳。我的生日派對會很好玩。」

我也給七十二歲的珍打電話，她是我的密友。珍立即向我訴說，她的九十一歲男友羅伊在逼婚。「我不想結婚。我覺得當男女朋友挺好的，各住各的，幹嘛要結婚？」「他要逼我就範，說有一個加拿大六十六歲的女人想來美國定居，要和他結婚。」我對珍說，那就讓他結婚去吧！天下男人多的是，再找一個，不就得了！

在圖書館打工的八十幾歲館員芙朗，滿臉皺紋和滿頭白髮，動作雖緩慢，但沒有稍減熱情，看到我，她立刻放下手中的書，緊緊地擁抱我，「好久不見，歡迎妳回來！」小學教職退休後，她轉戰圖書館工作迄今，說要做到死那天為止。芙朗已經獨居幾十年了。

這些現象都印證了我在大學修的「老年學」課程所讀的，社會和文化影響人的思考，也影響了人的生活態度，更左右了「老」的速度。一個人老，還是一群人一起老，自有差別。

老不老，其實不在身分證的年紀，是在思維、在態度、在人生觀、在價值觀、在居住的國度有別，在於老得是否優雅而已。我很幸運，到了中年，有機會在到處都是「老得優雅」的國度，學習如何「優雅的老」。

我將年紀以我在美國大學教授給分的標準，更改為A＝九十歲以上，B＝八十歲以上，C＝七十歲以上，D＝六十歲以上。D是及格門檻，但會將總成績拉低很多。而我，還在F徘徊，再過幾年就要升格為D。我必須謙虛一點。

這是我和美國朋友們的對話，八十六歲的安妮塔是B＋，圖書館的芙朗是B－，珍是C－，珍的男友羅伊是A－。她們很高興我給她們的評分，總是對我說，她們還年輕得很，要多加努力。在台北，D的朋友我稱呼他們是「紅嬰仔」；C的朋友我叫他們是「兒童」；B的朋友，我叫他們「少年吔」。A－、A，和A＋的朋友也不少，叫做

「老少年」。我的酒友，一百歲的鄰居林春朝先生聽到我給他A＋，說那是他無上的榮耀。「明年，你將可以進階到榮譽課程（Honor Class）。」酒友聽了，感動得想要立刻再登玉山，向大山致謝。

幽默和正向思考，是美國「年長者」的特色，他們還勇敢的拒絕社會加諸的「老」人稱呼，說是歧視，必須以「年長者」（Elder或Senior）代替。

雖然我還在F，尚未進入D的門檻，我還是有備而來。

我有不少東方和西方的「老」友，看著他們的差異，我早早就警惕在心。加上中年在美國就讀大學的多年經驗，也不斷的提醒我自己，老雖是自然律，但不盡然要老得悽慘，老得孤僻。

想要老得優雅，嬰兒潮的我們，就要為自己的老年負起全面性的責任，也就是要預做準備，不必等待老日到來時才驚驚慌慌，手足無措。就讓我們一起「老神在在」吧！

二〇一三年八月於美國喬治亞梅崗城

後青春——優雅的老

目錄

Part 3・錢事、健康事，最重要的事

Part 4・維持健康的要素

目錄

Part 1

老，比想像中更自由

銀髮族，席捲全球

台灣於第二次世界大戰後，受戰後嬰兒潮和一九四九年由中國大陸遷台的影響，加上社會和經濟的發展，醫療的進步，嬰兒出生死亡率降低，傳染病降低，營養改善，教育普及，以及環境的改善，使得人口快速成長，生命也愈來愈長。

一九九三年，經建會公布，台灣的老年人口首度達到7.1%，台灣開始進入高齡化（Aging）社會。所謂的老人，是以六十五歲為基準。

當時我三十六歲，對老沒有感覺，也還沒有概念。我的父母當時分別是六十一和六十三歲，我的父母雙方家族都短壽，所以家族中沒有老人。外公張哱生往生時七十三歲，屬於老人社會的初老（Young-Old，六十五到七十四歲），那年我高一。外公是我的父母雙方家族中唯一符合老人門檻的人。

平均壽命一百二十歲

二〇〇六年，台灣老年人口上升到9.9%。我四十九歲。美國成人高中畢業。四月，我的爸爸黃清通過世，享年七十六歲。屬於老人社會的中老（Middle-Old，七十五到八十四歲）階段，也符合台灣男性的平均壽命。我的爸爸比他的爸爸多活三十七歲。他的爸爸在三十九歲時就生病，拋下五個稚齡孩子走了。我的媽媽莊存七十四歲，成為寡婦。那是她獨居的第一年。

二〇一〇年，台灣老年人口11%，我五十三歲，在美國大學就讀。我的媽媽七十八歲，已經獨居四年了。

二〇一四年，台灣老年人口繼續升到11.6%。老年人口共兩百七十三萬人。我即將五十七歲，而我的媽媽將是八十二歲，比她的媽媽多活了五十年左右。（我媽媽的媽媽，在她十二歲時就離開人世了。我的媽媽是長女，所以，我推測她的媽媽應該只有三十歲上下就走了。）我媽媽的獨居生活也將進入第八年。

二〇一七年，台灣的老年人口比例將再升高到14%。從一九九三到二〇一七年的二十四年，我國的老年人口從7%上升到14%。老年人口快速增長，慢性病和長期照護捉襟見肘。我也將六十歲。而屆時我的媽媽將是八十五歲，開始進入老人社會的最老（Oldest-Old，八十五歲以上）階段，那也是她「一個人老後」的第十一年。

二〇二一年，台灣第一波戰後嬰兒潮進入六十五歲，台灣的老年人口達16.54%，老年人口共三百九十二萬人。之後老年人口激增。我六十四歲，在老人門口徘徊。這也是我的媽媽「一個人老後」的第十五年。

二〇二五年，台灣老年人口將往上攀升到20%，屬於高齡（Aged）社會，每五個人就有一個老人。老年人口直逼英國、法國和美國等已開發國家。我將是六十八歲，進入初老。我的媽媽將是九十三歲，將進入「一個人老後」的第十九年。

二〇四一年，台灣第二波嬰兒潮（一九七六年龍年出生）的人口，也踏入六十五歲，台灣老年人口預估將高達七百零二萬九千人。我八十四歲。我的媽媽將是一百零九歲，是她「一個人老後」的第三十五年。

二〇五六年，台灣高齡人口再增加七百六十一萬六千人，以三倍的比例成長。我九十九歲。我的媽媽屆時已一百二十四歲，「一個人老後」第五十一年。

二〇六〇年時，台灣的老年人口將大幅成長到42%，屬於超高齡（Super-Aged）社會。如果我還活著，我將是一百零三歲的人瑞（但願不是老賊）。我的一雙子女，將分別是七十七與七十四歲，在初中老階段。我的媽媽若還活著，她將是一百二十八歲的老妖精，那也是她「一個人老後」的第五十四年。雖然我的媽媽成為老妖精的機率非常的低，但根據我在美國大學修的老年學課程，開宗明義的說了，一百二十歲是當今人類的歲數，所以也不無可能。

工作人口比例，持續縮減

行政院經建會於二〇〇八年推估台灣六十五歲以上的人口，二〇二八年是22.5%，每五人就有一老人。之後快速上升，二〇五六年是37.5%，其中七十五歲以上的人高達四百五十五萬人。六十五歲以上的人口，由二〇〇八年的43.1%上升到二〇五六年的59.7%。

二〇〇八年，七個十五到六十四歲工作齡負擔一個老人。二〇一〇年，六點九個工作齡扶養一老人。二〇二六年，下降為三點二個工作齡養一老人。二〇六〇年，一點二個工作齡扶養一老人。

再從先進國家人口老化速度（自7%上升至14%）來看，法國一百一十五年，瑞典八十五年，美國七十三年，義大利、英國、德國等為四十到六十一年。而台灣人口老化速度只有二十四年，與日本相同，比起歐美快速很多。

台北市中正區忠勤里的老年人口是20%，是現今台灣最多老人的里。我的朋友邱俊英，移居到她出生成長的高雄旗山附近的客家村落。根據她的調查，那兒每一戶至少都有一個八十歲以上的老人，也讓即將六十歲的她，成為全村最年輕的人。

不只台灣如此，老，是二十一世紀的產物，是全球共同的現象。最老族的健康和長期照護的服務，也從而成為政府、社會工作者和企業更大的挑戰。

（備註：初老＝六十五到七十四歲，中老＝七十五到八十四歲，最老＝八十五歲以上。人瑞＝一百歲以上。）

美國老人數目，高高在上

一九九〇到二〇〇〇年，美國最老增加了38%，中老則增加23%，初老增加最低，才2%。

二〇五〇年時，最老在美國全國總人口將增加5%，六十五歲以上則預估增加22%。八十五歲以上的女人和這個年紀的男人比例是5：2。（二〇〇二年時八十五歲以上的女男比例是100：46）也就是，年紀愈老的女人守寡或未婚的機率愈高。

美東最多老人的州非屬麻州不可。麻州位於東北部，雖然瀕臨大西洋，但冬天氣候冰冷。麻州也因擁有最多老人，還被暱稱為「奶奶州」或「阿嬤州」。至於美西最多老年人的地區則非加州莫屬，那兒氣候舒適，資源多；最少老人的地區則是天寒地凍的阿拉斯加。

退休老人多，因此美國的電視廣告常以老人為訴求對象，如藥物、保險、旅行、旅館、餐廳、汽車、醫院、律師。而且，一些商業營利機構還針對老人給予消費的折扣。美國退休協會AARP（American Association of Retired Persons）是全美國最有力的非營利組織，在國會還擁有遊說團體，在老人政策上使力很多。AARP是美國五十五歲以上的人即可加入的退休團體。AARP的雜誌（AARP The Magazines）以退休人士為主，美國的訂戶在二〇〇三年就高達兩百一十五萬份。可見其影響力多麼的龐大。

老，是全球化現象

歐洲老化問題也同樣嚴重，老人人口增多，家庭少，造成消費力低，有生產力的年輕人少，歐洲的經濟問題愈來愈嚴重。日本的老化程度高，人口密度也高，日本如今經濟衰退，無法與一九八〇年代的風光相比，也回不去那樣的時代了。

老年人口的影響是全面性的。聯合國一項報告指出，在經濟方面，老人影響了經濟成長、存款、投資、消費、勞力市場、養老金、稅金，與兩代之間的轉換。在社會方面影響的是健康與照護，以及家庭結構的改變，和生活安頓與住房和移居等問題。政治方面，老人影響了投票的模式及其結果。

隨著已開發國家的發展，老人增多，第一次老齡問題世界大會在一九八〇年舉行；二十年後的二〇〇〇年五月，開發中國家加入了老人國家之林，台灣也在其中，因此，第二次老齡問題世界大會再度在聯合國正式上演。隨著老齡問題和老年人口的國家日增，老齡問題隨著工業化而演變成世界性的問題。

女人壽命，高高高

再者，以性別估計，女人比男人壽命高。二〇〇〇年，六十歲以上的人中，全世界的女人比男人多了六千三百萬人。

二〇〇六年的台灣，男性平均餘命是七十四點六歲，女性的平均餘命是八十點八歲，而且速度移動快。根據內政部統計，二〇一一年時，男性餘命為七十六歲，女性為八十二點七歲。到二〇五一年，男性平均餘命將提高為八十一點五歲，女性的平均餘命也將提高到八十八點五歲。

由此顯示，女人一生中，一個人老去是必然的現象，無須抗拒。學習與自己和好，及「以我為尊」，將是女人在老年之路最重要的功課。

在愛情的世界裡，男性常扮演主導者角色，但在壽命上，男性始終追不到女性。因此，女人獨自度過老年的機率相當的高。結婚、單身，或離婚、再婚，甚至再再婚，差別性不大，終究是一個人度過餘生的機率高。這也提醒女性，靠山山倒，靠男人不牢，唯有靠自己最好。

且慢，那麼，靠孩子行嗎？農業化時代「養兒防老」似乎是沒問題，但在工業化時代，甚至是科技時代，少子化早就是趨勢，在自我中心和全球經濟危機下，年輕人自身難保，何況「啃老族」從中國大陸蔓延到台灣，長者何必為難自己呢！

正視老人的需要

老年行業風雲起

忝為嬰兒潮的三、四、五年級生，在台灣的情況，和美國嬰兒潮有異曲同工之妙。大部分的人都擁有自己的住宅，房屋貸款可能繳清了，孩子也長大了，而台灣多數的財產和財富，也掌握在這群人手裡。當財富和人數一起成長時，社會自然而然跟著改變，消費主體也將以老年人為主。在這種趨勢下，製造業的產品理所當然移轉到個人的服務上。這個服務對象，自然又是老人。

從現在起，和健康有關的照護（老人）行業，將成為最興盛的行業。老人醫學服務、手術（白內障；幾乎大部分的老人都要動白內障手術。連我還這麼少年，白內障都已經找上我了，真是防不勝防啊！只是提早或延後報到而已）、藥劑（老人吃藥最多，老人至少患有一種慢性病）、功能性醫藥（提升性功能的威而鋼算不算？）；特殊製造行業中，如修復業（器官老舊，如機器一樣，修修理理總是要）、視力（老花眼鏡）、聽力輔助器（尤其八十五歲以上老人，中獎率高不可攀）、胰島素注射（第二型糖尿病佔糖尿病總人口的90%左右），以及人工關節（關節炎是老年疾病第一名，我的媽媽和安妮塔都換人工膝蓋了呢！）。

和老人相關的專業如雨後春筍，包括家庭顧問（就像嬰兒潮年輕時，離婚潮創造了離婚顧問、離婚律師一樣。現在，美國老人會問，我的成年子女要搬來和我一起住，這會威脅到我的養老品質嗎？會不會養老鼠咬布袋？）、房地產顧問（老人獨居，大房子要換小房子，還要移居和買一個度假小屋養老）、老人相關立法（如老年歧視）、老人醫藥學（老人服藥量在各年齡層中居冠，老人醫藥學的研究，很能賺錢，自然行業興盛）。

還有，嬰兒潮的魅力無法擋，回復青春的行業和產品也扶搖直上，如化妝品和保養品（不相信，請到美國的健康商店和超市瞧一瞧）、染髮劑（連植物染都有很多選擇）、整型美容（美國拉皮去皺紋和瘦身的電視廣告，多得不勝枚舉）和特殊健康的訓練和設備，在美國也都風行不已。

家庭維修隨著老年人不再自己動手修理而需求日殷，各項個人服務如購物（買菜、買衣服、買工具）、外賣食物的遞送……皆屬日常生活所需，自是生意大旺。

市場老人化，老人市場化

在這次台灣行中，我曾在台灣的一所大學看表演，台上和台下，幾乎都是二十歲的大學生。台下若有中老年人，不是教職員，就是學生的父母，沒有一個中老年學生，讓我這個在美國上大學多年的人，覺得渾身不自在。感覺台灣的大學學生族群就是太單一，太無聊。

美國的大學，族群多元，什麼種族都有，黑、白、黃、咖啡、紅。群體的年齡，二十歲和四十、五十、六十、七十，甚至八十歲的人一起上課，是常態。

台灣在少子化，小學和國中開始減班、併校後，學校增設老人課程和娛樂，應是潮流。連同台灣的大學，若不開放給中老年人就讀，就只有關門一途了。我的朋友林聰明在擔任教育部次長期間，我曾和他談台灣必須趕緊開放高等教育給中老年人進修，以提高中老年人的生命品質和解救大學倒閉的危機。教育在美國也是商業，在台灣，不也如此嗎？沒有學生，哪有老師？

老人休閒旅遊也將一枝獨秀。老人有閒有錢，就想開闊視野，想到海外充電，「老人旅行」也將成為新興行業。我的一位美國朋友汀娜，她只做一種生意，就是帶老人旅行。她招老人旅行團的速度很快，有些老人還自動詢問，或者將行事曆空下來作為旅行之用。汀娜告訴我，她的生意真好，連廣告都免了。「我做的是慈善事業，我為老人創造快樂的晚年。老人多寂寞，多想和一群老人結伴出遊啊！一整台遊覽車，一旅行就一個星期以上。老人在遊覽車上，一路上又是唱歌又是打拍子，就像小朋友出遊一樣的歡樂。」

人總要一死，老人愈多，死亡也就愈多了，喪葬服務業的需求會更大，如我住的梅崗城，才十萬人，就有六座殯儀館。同樣地，台灣的殯儀館應該擴增，不宜由公家機關把持，應鼓勵民間設立具品質與尊嚴的殯儀館。同時，因民情迴異，台灣的墓地和葬儀、葬禮相關產品的需求也將大於供給。如果政府的行動太慢，民怨將大增，誰主政，誰就得被轟下台，因為死人等不得。政府總不能呼籲，「等等，我還沒有擴充好殯儀館，你們還不能死。」暴屍野外（路邊葬禮）影響人民的生活品質和觀瞻已經太久，而且沒有尊嚴，嬰兒潮才不願意被放在街道和路邊暫時違建的「葬禮」呢！

這是無法抵禦的「老流」。而且，還是台灣第一代閱讀世代的老人，將帶動台灣全面性的改變。

因此，台灣即將邁向市場老人化，老人市場化。如美國的電視廣告，以老人為對象者，高居第一。美國的黃金消費者，早已從之前以年輕人為主，蛻變為「黃金老人」了。這還有一個說法，是Mature Market。

歧視老人，尚待教育

《康健》雜誌二〇〇七年做了一項關於政府是否重視老人，及政府應該為老人做什麼的調查，結果如下：

在「你覺得台灣這個社會重不重視老人」這題，子女回答不重視與非常不重視的比例很高（53%）。再問子女「政府應該為老人家做些什麼？」有28.61%的子女覺得政府應該給老人優待、其次加強老人福利政策規劃（12.92%）及關懷照顧（10.14%），只有7.36%中年兒女覺得政府該給老人錢。這個結果與政府日前公開宣示「加發老人年金」支票的政策，大相逕庭，值得政府在推動老人福利相關政策時多加思考。

從《康健》雜誌所做的調查來看，有超過半數的民眾，認為政府不重視老人，充分顯示了政府好像還在「老人國」外徬徨，以為老人只要幾個零用錢買麥芽糖或冰棒，就解決了。

老人最需要的是老人政策和老人照顧。老人政策匱乏或搔不到癢處，問題就會層出不窮。

台灣社會上歧視老人的現象太普遍，如拒絕年屆七十的前立委沈富雄到健身房做運動一事，非常不智，表示台灣的教育失敗，人的教育不足。台灣社會連商業界都如此保守僵化，缺乏海可納百川的胸襟和眼界，太木乃伊了。沈富雄身為名人，都有這樣的遭遇，那其他老人怎麼辦？如果沈富雄不是名人，就不會有媒體關注，這起老年歧視事件也將不了了之。放眼看看台灣的徵才廣告上，公然寫著「限三十五歲以下」的廣告到處都是，卻沒有觸犯法律。我的一位女性朋友在搭計程車時，計程車司機見她滿頭白髮，還好意要她去染髮，說這樣看起來會年輕些。當司機看到這位女性朋友正在閱讀立法院的刊物時，驚詫的說：「妳還識字喔！」

沈富雄被歧視，女性長者在台灣被歧視得更嚴重，好像人人都是「文盲歐巴桑」。

正視老人需求

在美國，一般通稱退休後的年紀為「黃金時代」（Golden Age）。因此，一九八五年，美國有一齣播出長達八年的電視劇，便叫做「黃金女郎」（The Golden Girls），講的是四個半退休女人的故事。那是喜劇，收視率很高。中視轉播「黃金女郎」時，在台灣也帶來很多的笑聲和掌聲，覺得美國人老了，還可以那麼騷包，那麼歡樂，也那麼的正向。

然而，老年歧視（Ageism）的情況，在打著「敬老尊賢」口號，每年以重陽節表示敬老的台灣，卻隨處可見。所謂敬老只是表面工夫，是政府官員用來作秀愚民，企圖藉此騙取選票的工具。政府該做的是把錢花在刀口上，教育大眾如何尊重多元種族，多元族群，多元文化。實際上，台灣社會的老年歧視比沒有敬老習俗的歐美國度嚴重太多了。

一九七五年美國老人學的泰斗巴特勒（Robert Neil Butler）提出「年齡歧視」的概念。巴特勒認為，和種族與性別歧視一樣，年齡歧視也是屬於對某一群體的偏見。

當芬蘭積極推動老年運動與諮商以降低老化疾病所引起的鉅額醫療費用，同時幫助老人藉著運動活得更健康、更快樂、更長壽、更舒適時，台灣卻反其道而行，拒絕老人上健身房做運動，這不是反智的現象嗎？

畢竟，這是一個講究軟實力的時代。年輕人與其叫叫嚷嚷嬰兒潮掌握多數財富和資源，讓他們大學畢業才領22K，無濟於事，還不如正視這股嬰兒潮的需求，朝健康和運動娛樂上探索，開發老人食譜，提供老人菜單，如西方國家的餐館、旅館、購物還給予老人10%-20%的減價，將帶動無限商機。而專業人員中，物理治療師、白內障、聽力、營養學家、長期照護的需求量也將大幅提高。

最「成功老化」的城市

老，要老得巧

養老，其實學問很多。活得老，不如活得好。我家附近郵局的經理告訴我，他的媽媽活到九十四歲，但有十年都不能自理，得仰賴女兒照護。那樣的老，他說：「不如不要，因為沒有品質，也沒有尊嚴。」

最頂級的老是要「成功老化」。就算最窮最苦的老人，也想要「成功老化」，這是無可爭議的。「成功老化」的概念從一九五〇年開始誕生，一掃老年的負面形象，並從一開始只注重身體健康，到一九八〇年代時，開始普遍重視高等的成人功能以及社會貢獻。從形而下到形而上，成為普世的「成功老化」價值。

非營利組織梅肯研究中心（http://www.milkeninstitute.org/publications/review/

2012_10/64-70MR56.pdf）二〇一二年以美國境內最成功老化的城市所做的研究，其方法、態度和基礎都非常嚴謹，考慮七十八個因素，才決定出哪些大城與小鎮是美國最「成功老化」的城。這個模式可以讓台灣作為高齡化社會的施政參考。

除了老人的實際需求外，環境是否文化豐富、有大學或院校，讓老人可到大學聽課成長，也是考慮因素。美國各州公立大學針對老人給予的福利是，老人到大學修課免費。大學城因此受到重視，也就不稀奇，這也是美國大學城房價節節上漲的原因。我的朋友麥克才六十二歲，他每學期固定在我就讀的大學修課，「完全免費，又不必考試。」他樂此不疲的上課，課餘則騎腳踏車長途環遊美國和加拿大。

梅肯研究中心的結果出爐，和一般人或媒體的想像有很大的出入。

從公眾部分來看，政府和商業組織應當著重在健康照顧和社會安全系統上的努力。在個人的水平上，美國老人要知道的是他們將會在哪兒定居？他們該如何照顧自己、以及是否享受生命？老人階段的生涯應該被重視。

美國老人要的是維持健康，持續參與活動，並繼續為社會貢獻，為美國建立更強壯的國家。這個格局夠大吧，絕非只是要自己老年過得好而已。身體健康只是基礎，心理也要健康。社會心理的健康來自於參與社會，以及建立個人的價值，還有樂觀的心態。形而上的部分，在美國的老人世界裡是非常重要的。

因此，政策的制訂者們要在老人政策上改善老人的生命品質。美國嬰兒潮要進入老年一族的有八千萬人之多。因此，必須著重在健康、照護、友善的住屋、交通系統、再教育、事業及參與的機會，以及以老人為中心的科技、社交網絡、旅行、休閒與娛樂。

梅肯研究中心定義的「美式成功老化」是：

一、在居住的方面要安全、舒適及買得起。涵蓋的是居住的成本、就業的成長、失業率、收入分配、犯罪率、酗酒，以及氣候等。

二、要健康，也要快樂。因此，專業人員的數量、醫院的病床數、老人疾病的長期照護。阿茲海默症、洗腎、安寧病房與康復服務。醫院的品質、醫學院參與。另外，在社區部分，研究調查肥胖率、糖尿病、阿茲海默症、抽菸、精神疾病，以及可能的身心休養、健康的方案和其他訴求等。

三、要財務上的安定，包括稅金（是否有免稅，如佛羅里達州和賭城拉斯維加斯給予退休老人免收入稅）、小本生意的成長、貧窮指數，和提供六十五歲以上的就業機會和貸款。

四、生活上的需求，如自有房屋、租屋、養老院、居家健康照護提供及年長者的住屋付款協助。

五、交通上的需求，想去哪兒或需要去哪兒，是否交通便利，如通勤的時間、車費，及能否轉乘大眾運輸至超市或零售店等，都要符合年長者的需求。

六、尊重年長者的智慧與經驗，包括促進身體、智力和文化上的遞增，還要連結到年長者的家人、朋友和社區。因此，義工、就業機會、再就業訓練及教育，增進年長者博物館、文化、宗教、圖書館、針對六十五歲以上的青年會策劃等。

初老與最老，需求大不同

梅肯研究中心將以上的條件和因素作為考慮與研究，綜合照護、健康、生活安排、交通便利、財務安全、教育、就業及社區參與等做通盤研究。並從而挑選一百個大城及兩百五十九個小鎮，看看是否符合這些條件上的需求，最後票選出美國二十個最適宜居住、「成功老化」的大城小鎮。

這二十個最「成功老化」的大城，台灣人熟悉的紐約市、波士頓、華盛頓特區、鹽湖城、舊金山、匹茲堡、巴爾的摩、費城、檀香山、小岩城都名列在內。另外，還有二十個最「成功老化」的小鎮，並區分成「六十五到七十九歲的成功老化」和「八十歲以上的成功老化」。這麼做的原因是，這兩個族群有很多相異之處，前者還活蹦亂跳，重視活動；但後者體力漸衰，以醫療為重。

前五個最「成功老化」的城，首推猶他州的普羅沃奧瑞姆（Provo-Orem），它是摩門教聖地，楊百翰大學揚名世界，所帶來的周邊效益，非常可觀。年輕人騎著腳踏車在街道傳教的畫面，國人應該很熟悉才是。排名第四的是波士頓，有超過一百所大學和眾多博物館環繞。排名第五的是紐約市，全美最頂尖的二十家醫院中有兩家就在紐約市，且大眾交通便利，文化相當豐富。

前五個最「成功老化」的小鎮，涵蓋範疇包括經濟佳、低失業率、良好健康照護、低成本居住、安全。其中排名第五的是明尼蘇達州的羅徹斯特，是繼全美最頂尖醫院約翰．霍普金斯醫院之後，排名第二的梅約醫學中心（Mayo Clinic）所在地。

不過，梅肯研究中心並沒有挑選出美國退休老人最夯的退休移居的陽光地帶，佛羅里達和亞利桑那州。該中心也為此解釋了這兩地沒有被選上的理由。

梅肯研究中心做最「成功老化」定居城市研究，目的是要帶動更多地方讓年長者可以「成功老化」，安頓晚年。這也讓更多的城市改進其設施和條件，重視因應老人的需求，讓美國有更多的州和城市及小鎮將那些條件納入改進的考慮事項。

梅肯研究中心做的，其實就是文明國度該有的態度。

若根據梅肯研究中心的研究內容與方式，台北市得天獨厚的條件，必然是台灣最「成功老化」的城市。但台北市的房價近幾年漲翻天，而且物價也節節上漲，政府在控制房價和穩定物價上能力和魄力不足，不利於想要從外縣市遷入養老的人，這是「成功老化」的敗筆。

以房養老乎？

台灣養老政策，空有殼子

「以房養老」的意思是，拿你的房子作為抵押，以取得金錢養老。因為房價高漲，三、四、五年級生又有絕大部分的人都擁有自己的房子，身價也水漲船高，養老的困境，似乎因為這個「第三個孩子」的孝順，解除了老年生涯的危機。

不過，目前為止，台灣的「以房養老」還在試辦階段，但乏善可陳，因為符合規定資格的人少之又少。政府犯了一個永遠改不掉的老毛病，本來政策的主體應以人為主，不幸的是，政府的大頭病一直沒有痊癒，將此政策當成「施恩」和「救濟」處理，很荒謬。

曾參與政府規劃老人政策的社會學家、也是台大社工系教授的林萬億，在他的

〈以房真能養老嗎？〉一文中指出五點：⑴「以房養老」不是社會福利；⑵不確定風險非常高；⑶對老人不利；⑷政府變成物業管理公司；⑸條件嚴苛，適用者少。

以下節錄自林萬億教授的這篇文章：

「以房養老」不是社會福利

首先，這是理財，不是社會福利。一般不動產抵押貸款是順向的，是指不動產（例如房屋）所有權人（借款人）將其自有房屋向金融機構抵押貸款，金融機構鑑定其房價後，以一定比率（例如八成）貸給現金，借款人拿到一筆房屋價值八成的現金。此後，就按月償還本息，直到本息還清為止，房屋產權才又回歸借款人。而所謂的「不動產逆向抵押貸款」正好相反，擁有房子的人，將其所有權抵押給金融機構，拿回來的不是一筆大額現金，而是分期提領。這本來是金融機構操作不動產抵押貸款的生意，卻被內政部拿來營業，利用公益彩券盈餘做莊。政府撈過了界，絕非好事。

不確定風險非常高

其次，不確定性很高。每月提領的現金多少，就要看房子值多少錢，再加上要領多久？如果分期的期數固定，每期可領金額就很容易計算，也就是房屋價值拆成固定期數，即是每期提領金額。然而，借款人會活多久不確定，只能推估，不能靠算命或健康檢查。活得久，分期提領金就要少。

老人吃虧政府佔便宜

第三，對老人不利。如上述，貸款機構絕不會讓借款人佔便宜。根據內政部初步精算結果，以公告房屋價格為三百萬元者為例，六十五歲長者，男性月領8,200元，女性因壽命較長，每月平均可領取額度就變少，為7,100元；七十五歲長者，因餘命不多，男性月領13,400元，女性月領11,700元。如果一位老人有房子值三百萬，依經建會推估，二〇二〇年時，臺灣男性平均餘命為78.13歲，女性為84.18歲。倘若男性六十五歲加入本方案，平均可以領十三年又兩個月，每月領取8,200元，總計可領129萬5600元。女性平均可領十九年又六個月，總計可領166萬1400元。不管男女老人領到的錢，都比房屋價值三百萬少一半左右。可見貸款利息之高。除非房價大跌，或折舊超出預期的快，不然，政府就賺很多。如果是七十五歲才加入，男性總計可領50萬9200元，女性可領128萬7000元。政府賺更大。何況說，房價只是公告價值，而非以市價計算。政府既然把它當社會福利來辦，卻從老人身上撈大錢，好嗎？

政府變成物業管理公司

第四，簽約老人往生後，這些房子收歸政府所有，內政部變成業主，要去處分這些不動產，怎麼處分？政府幹嘛沒事找事做？以現在政府部門的分工與能力，根本管不好這些房子。如果，將這個業務外包給金融機構，那根本就不須要政府出面，有利可圖的生意銀行自己會做，何須假手政府。如果政府又拿錢去補貼承接銀行，一定會被罵圖利。

最後，適用的對象很少。初步只有一百名，未來也不會有更多人申請。因為條件限制嚴苛。老人既無繼承人，房價又低的人數本就不多。自有房子房價很低，可能就是中低收入戶，就會有生活補助了，不急著需要這個方案。反之，如果放寬標準，內政部又會陷入生意越做越大的兩難，保證被罵不務正業。

事實上，台灣的「以房養老」是抄襲美國的「反房屋貸款」（Reverse Mortgages）政策和做法，但其規定與做法都比美國落伍。從這可以看出，美國是一個務實的國家，政策出來，就是要實行，要人民可以因此政策而受益，解決他們的老年金錢危機。台灣剛好相反，政策的擬定是要拿來「看」的，是「畫餅充飢」，那是看得到，吃不到的做法，讓人徒呼奈何！政府缺乏創意不打緊，連抄襲都抄得亂七八糟，把主要的骨骼拿掉了，誰不嘆氣呢？

我聽到朋友說：「『以房養老』可以讓老年生活得更安心，不需要擔心老來沒錢。可惜，我不符合資格，因為我有孩子。」房子是自己的，要拿房子抵押，和有沒有孩子有什麼關係？政府還以為有孩子，孩子就會扶養老年父母？或孩子就必定是法定繼承人？這是不符合現實的想法。這就好像我要賣我自己名下的房子，我得先徵求我的子女的同意，因為他們是我的法定繼承人。這樣的邏輯很奇怪。我的財產，我要怎麼處理，我當然有絕對的權利，關我的孩子什麼事？而且若當事人再婚，那也不符「以房養老」的資格。

有房子，就有薪水

美國的「反房屋貸款」對象以六十二歲以上、擁有自家房屋的人為主。這是美國國會一九八二年通過的「Alternative Mortgage Transaction Parity Act of 1982」法案，針對房屋貸款買賣的非主流做法。一九八七年，美國聯邦有更多針對反房屋貸款保險「FHA-insured Reverse Mortgages」的法律配套出來，這樣既可以保障屋主不被銀行欺負，也讓這個法案可以更便民。

絕大多數的老年人都擁有自己的房子，看似身價不菲；然而根據研究，美國的老年人付清房屋貸款的雖高達80%，但手裡卻沒有現金可用。而老年人的收入，也許只有來自社安基金及其他退休金，甚至根本兩者皆無，又沒有工作能力，這樣坐吃山空，會引起老人的焦慮與不安，也可能危及老人的身心健康。

「反房屋貸款」就是幫助老人（台灣版是單身）住在自己原來的家。這個政策回到老年人「就地養老」的好處。

現在，房子是自己的「第三個孩子」。將房子抵押給銀行（台灣版是房子抵押給政府），銀行每個月支付老年屋主一筆錢好支撐生活費用，維持生命品質所需。

這樣做的好處是，老年屋主可以繼續住在自己的家，直到過世之後，銀行才開始賣屋。這就是「就地養老」的意思。

如果老年人需要錢，把自有房子賣了，拿到一筆龐大的金錢後，該將這筆錢放到哪兒？拿去投資，也許連老本都被吃掉了；放在銀行定存，利率那麼低，可能還因物價指數上漲而貶值。

而且，賣掉自家房子後還得找房子承租，這樣一來又遠離自己熟悉的環境，老人人際關係固定，往往不擅長改變，缺乏彈性，容易引起麻煩。萬一沒搞好，老人天天生活不快樂，壓力倍增，增加老年疾病，身體衰頹加速，也等於提早結束生命，得不償失。

而老年屋主若拿自己的房子申請「反房屋貸款」，每個月銀行就會支付老年人一定的金錢，就像老年人在領薪水一樣，每個月會有支票寄到家裡來。看！這才是「以房養老」。

雙贏作法，台灣可參考

「反房屋貸款」有三種，包括FHA insured、lender insured，和uninsured。三種

的差別是，前兩者有房屋貸款保險，後者沒有房屋貸款保險。所以，後者不需支付房屋貸款保險費。前兩者的利息是浮動的，有時利息隨市場而升高，有時下降。而不論收入高低，都可以使用自己的房子做「反房屋貸款」，沒有規定貧窮老人或無子女者才有資格受益。這項做法，是以房屋自住為主，不能租給別人。

美國的「反房屋貸款」做法還牽涉到和國稅局IRS（Internal Revenue Service）課稅的關係。美國老人若將房子設定為抵押借款，不需支付稅金。甚且，還可以享有老人稅金減免的好處。

另外，還有Life Estate，這也是老年人靠自有房屋養老的方式。不同的是，老人過世後，房子不是被賣掉，而是由繼承人繼承。如果繼承人是配偶或子女，那麼，在課稅方面有一些好處：例如，如果當初買房子是五百萬台幣，而市價是六百萬台幣，那麼，當老人過世時，市價還是六百萬台幣，繼承的人便不必被課稅。

還有一些老人將自己的房子以彼此能接受的價錢賣給他們的子女，再向子女承租這個房子。這樣做的好處是子女可以在房子上漲時賺取價差，而且也免稅。而老年父母得到的好處是，拿到一筆賣房子的錢，可以投資或做自己樂意做的事情，還能夠住在自己原來的家。這對老年父母和成年子女來說，都是雙贏的做法。

換買房租房

小房子更適合養老

雖然「在地老化」可以活得更好，但年輕時養家，可能有配偶和孩子，當時三房兩廳或四房兩廳也不嫌大，如今剩下一個人或兩個人的世界，那樣的空間就可能成為累贅。

一個人養老，房子宜小不宜大。兩個人一起養老，房子還是小的比大的妙。重點在於小房子好清理、價錢便宜，稍微布置一下，感覺就很溫馨。反之，大房子若堆積太多東西，勞神傷財，得時常打理。若東西少，又顯得空洞，容易感覺寂寞。感傷的心情，初一、十五就來一次，唱〈補破網〉也無濟於事，徒增傷感。

賣掉大房子，換買小房子，再把剩下的錢留下來養老，這樣一兼兩顧，應是要邁入老年世界的人可以考慮的方式。這種做法很實際，也是美國退休人士和養老者常使用的方法之一。

我的好友，一對八十幾歲的夫妻，住在美國華盛頓特區市郊的三層樓巨宅，最近喊著房子太大，照顧太麻煩，體力也吃不消，希望賣掉房子，轉到退休社區定居。

「退休社區有許多人比鄰而居，可以互相照應，又有餐廳，不想自己做菜，就可以到餐廳用餐。如果太太外出旅行幾天或個把月，一個人在家的我也有個聊天對象。」他覺得退休社區對上了年紀的人真是好處多多。

美國的退休社區很多，種類也很多元。退休社區在媒體上廣告很多，尤其在退休雜誌和退休團體上更是不遺餘力。

一般而言，退休社區規定五十五歲以上的人才可以入住。

退休社區一般都有室內運動器材，無論炎熱或寒冷，晴天或雨天，都不影響運動。也會舉辦知性的活動如繪畫、燒陶等。有的退休社區還有網球場和其他戶外運動場地，附近甚至就有高爾夫球場。

打造夢想家園

我還有一對同年紀的美國朋友，茱蒂和德。他們六十五歲退休時，賣掉了原先居住的房子，另外在森林裡買了一塊地，由自己設計和蓋房子，完全沒有假手他人。他們在那兒搭了一年帳棚，每天蓋一些，最後，三層樓的房子，在一年裡，兩人就靠著自己的手完成了。

「自己設計，自己蓋房子，是德一生的夢想。我好客，喜歡接待客人。我的夢想是有一棟有五個房間的房子，可以隨時招待很多人來家裡住。我們將兩人的夢想結合，把我們兩人的退休金拿出來蓋房子，整個過程非常的快樂。完成夢想，一輩子都不遺憾。」

「我們需要什麼材料，就到Home Deport（建築修屋材料的大型專賣店）購買。我們把自己晚年要住的家當成藝術品，互相討論、切磋、研究，修改。我們喜歡住在森林裡，這兒的空氣非常新鮮，芬多精是免費的，還有溪水潺潺，小鳥很多，蝴蝶也飛來飛去的，很浪漫，不是嗎？有時候兩人就在森林裡散步幾個小時。這兒就是我們的家。」茱蒂說得眉飛色舞。

我問他們，住在森林裡寂寞嗎？茱蒂和德都說不會。茱蒂愛作畫，甚至連蓋房子用的工具，如鋸子和牛奶罐，都成了她作畫的工具。兩人也玩樂器，茱蒂退休後開始學彈斑鳩琴（一種非洲吉他改成的樂器），德從小就拉大提琴。週末時，他們雙雙到小鎮的廣場參加樂隊公演，讓來小鎮旅行的人免費欣賞。

其他的樂隊團員，和茱蒂及德一樣，都是退休人士。

隨著年紀愈來愈大，最近茱蒂和德考慮要賣掉自己蓋的大房子，搬到離醫院較近的市區小房子居住，好讓將來就醫更便利。

我的另一對八十歲夫妻朋友的房子也不小，前後院的佔地更大，他們常因院子的工作太吃力而叫苦連天。像他們這樣的美國老人不少，一旦做不來，就開始計畫賣掉大房子，換買小房子，作為晚年的安身之地。

在美國，因換房子而移居的人不少。移居到陽光地帶的佛羅里達和亞利桑納的人更如過江之鯽。

移居陽光地帶的年齡以初老和中老為主，最老則因健康狀況下滑的關係，選擇移居到靠近子女、親戚居住的地域，以便就近得到子女或親友的照顧。

因此，移居他鄉成為老年不可避免的趨勢。

老後生活，選擇多

社會心理學家余安邦還在中研院工作，即將退休的他已買妥花東縱谷的土地，準備與阿美族的朋友一起耕種有機農場，並創造一個新的社群，再與其他社群連結，開創新的共同體運動，以作為退休後的養老計畫。余安邦深信，人類是互相倚賴的動物，不能離群索居，開創新社群，可以老得更好。

也有些人移居埔里等區域，或到花東或南部去經營民宿，以轉戰人生不同的階段，為老年的經濟和養老鋪路。

我有幾位熟識的朋友當年移民紐西蘭，覺得那兒真是居住的天堂，但最近紛紛又搬回台灣。「大家說好要在紐西蘭養老到入土為安，一旦回台灣探親，卻還是覺得家鄉好，就偷偷地搬回來。最後，我耐不住朋友都走了，當然也回來。」一位移民紐西蘭，在那兒工作得很好，又喜愛當地文化的友人，卻因朋友都反而移回台灣，也跟著落跑。

最近我聽台北國際社區廣播電台（ICRT），那是英文的電台，居然有針對國外要反移民回台定居養老的廣告。可見這是一個移民出去，或移民回國的時代。

其實，若是「一個人的老後」，移民他鄉或他國，是最沒有負擔、最容易說走就走的族群。而且，若是移民西方國家，文化上注重隱私，不會被問：「妳是一個人住嗎？」台灣的餐館將併桌視為正常，常讓單身熟女尷尬不舒服；在西方國家，上餐館用餐時，不會因為客滿而被要求併桌。這是單身者可以考慮的移居因素。

在美國鹽湖城機場工作的李國安對我說，美國機場的旅客中，有許多人都是飛去不同的州探望老年父母的。「他們的父母都住在不同的州。」他告訴我，當地的老人也幾乎都是獨居。

「鹽湖城的老人獨居是普遍的現象。和子女共同居住，反而不尋常。」他說。

可惜，根據租房子的「崔媽媽基金會」調查，台灣的房東有九成不願意把房子租給老人。這是很嚴重的歧視。政府應該介入租屋市場，或提供更多的「老年社區」，讓沒有自己的殼或賣了房子做養老金、想以租房子度餘生的人「老有所歸」。

逆向思考，是「一個人老後」可以玩的遊戲。當大家在移居回台灣時，不妨考慮移民他國養老，給自己一個截然不同的人生。

生命是一種選擇。而老年移居他國或他鄉，也是選擇。

最適合移居養老的地方

台灣最適合養老的小鎮

我在美國大學修的老年學（Gerontology）課程強調老人「在地老化」是最恰當、也最能活得好的，因為是熟悉的環境，感情可寄託，又有許多認識的人。畢竟老人適應能力低、彈性也不足，重新適應新的環境對多數老人來說挺困難的。

不過，退休後，薇薇夫人在兩個孩子分別居住於大陸和美國，晚年丈夫過世、剩她一人獨居的情況下，空曠的房子徒增傷感。她毅然決然的賣了住了三十幾年的房子，從新店的花園新城搬到淡水。從山到水，是截然不同的心境。

美國退休人士移居他鄉，已經有很長的歷史了。這一股移居的風潮，最近幾年也如火如荼地在台灣出現，一些四、五年級生不惜向後山或中南部另闢天地。現在，退休移居的概念也愈來愈波濤洶湧，甚至吹到豔陽高照的青壯族群去。

二〇一三年六月，《今周刊》第859期針對台灣地區三十一到四十歲屬於六年級和七年級民眾的老年移居網路調查顯示，有48.9%的人想移居，但只有31.4%的人著手規劃。移居的考量中，35%的人考慮的是生活機能佳；23.6%是空氣好，環境優美；10.9%是可從事喜歡的休閒活動；9%是生活費用與房價便宜；6.4%是童年的生長地；5.1%是氣候宜人；5.1%是交通便利；4.9%是離醫院近。

在該項調查中，還有不少人要移居離島。可見他們不知道老年最需要的是醫院，尤其是最老族。

《今周刊》挑選了十二個台灣小鎮，作為最適合移居養老的台灣小鎮。不過，挑選的過程是否嚴謹，有待推敲。初老也許適合這樣的環境，但中老需要上醫院的機會多，這些小鎮的醫療資源是否足夠，不知有沒有被考慮進去？生病最多的最老族顯然更難了。

一位個性務實，六十上下的朋友對此調查有截然不同的看法。結婚後就移居宜蘭數十年的她說：「老人要的是醫院。宜蘭的老人生病，不在本地就醫，老往台北跑，因為主客觀上都認為台北的醫院和醫師品質較佳。」「何況，宜蘭一年下雨一百六十天，潮濕，也會造成一些濕氣高帶來的疾病。」「交通也不方便，進城要騎摩托車才好停車，到其他地方則需開車，公共交通不便利。」

也是結婚移居宜蘭數十年，已經退休，但實際上還年輕的鍾碧娟卻認為：「宜蘭的環境真美，住家有多綠，鄰居有多好，種菜有多棒，住起來有多舒服。」真是見仁見智。

以下是《今周刊》的理想老人移居的十二台灣小鎮和其挑選的理由。

宜蘭有兩個小鎮頭城和員山上榜。頭城是美食美景、人文俱全、山海通包；員山則是能眺望龜山島、湖光山色、群山秀麗。

花蓮的壽豐是青山環繞，空氣品質最優；台東都蘭可賞海觀星，最適合慢活。高雄美濃：三面環山，農作發達，客家文化保存完整。台南白河：蓮田綿延，恬淡好樂。嘉義竹崎：自然景觀多元，物價實惠。南投埔里：生態豐富，空氣品質佳。苗栗公館：騎單車、採草莓最愜意。新竹寶山：田野景致純樸，客家美食多。桃園龍潭：品茗，打高爾夫的好所在。新北三峽北大特區：街廓整齊，台北的後花園。

移居新北三峽北大特區、並長年選用有機食物的一位朋友主張，「人老了，可以不必生病，關鍵就是要吃對食物和運動。」移居三峽，就是因為健康與醫療和文化的考量。「要真生病，不嚴重的話，附近也有恩主公醫院，而且台北大學有許多課程可以上。」

由於《今周刊》的這份調查，我六月中回到在美國居住多年的梅崗城時，開始觀察這個只有十萬人的小鎮是否符合退休移居的條件。以下是我的結論：

梅崗城的樹木繁多，花團錦簇，整個城有如大花園，空氣新鮮，走在路上，香氣撲鼻。我的車一年才洗四次，可見空氣多好。水的品質也好，水龍頭的水可以直接喝。美輪美奐的建築形式很多元，涵蓋了西方主要的建築，有如縮小版的維也納。每條街道都有很大的人行道，適合散步。數座圖書館、博物館、電影院，一座歌劇院、幾座網球場和高爾夫球場、三所大學（包括醫學院）、兩家大型醫院，其中一家醫院還有直升機飛來飛去，全美五十最好的心臟醫院就在醫院中心。南方的人友善熱情，步調慢。氣候接近台灣，很陽光，但比台灣乾燥舒爽。房價相比台灣，實在俗又大碗（但租金比台灣昂貴）。公車路線有幾條，雖不滿意，但可以接受。有心做義工，機會多的是，缺點是就業機會較低、沒有亞洲市場，而且超級市場在城外，必須開車才能到。不過開車便利、停車方便、停車幾乎都免費。

梅崗城的老人公寓還不少，有錢可以住在很安靜的頂級老人社區。萬一一窮二白的話，還可以住在由豪華旅館Dempsey Hotel改裝成的Dempsey Apartments，不但設施齊全，空調全年不斷，還有圖書館、電腦中心、洗衣烘乾設備，並有二十四小時安全的錄影過濾，由政府埋單。前提是要滿六十二歲，或是身障，或低收入戶。以我住的公寓來說，每扇窗戶看出去，全是綠色的植物，連窗簾都不必裝。

我個人的想法是，梅崗城是適合移居養老的小鎮。

中國十大養老長住兩相宜城市

看罷台灣，讓我們看看中國十大養老、長住兩相宜的退休城市。同樣地，是主觀挑選，還是經過研究比較，也有待琢磨，理由和台灣的十二適宜養老的移居小鎮接近。

一、廈門：東南沿海，九龍江入海處，是全國環境最好的城市，且講台語也通。

二、大連：天津的門戶，是快樂城。

三、煙台：山東半島的東部，城市化進程快。

四、青島：太平洋黃海西岸，空氣濕潤。

五、揚州：江蘇中部，天然氧氣充足。

六、昆明：雲貴高原中部，消費最低，環境宜人。

七、珠海：廣東珠江口的西南部，氣候舒適，環境尚可。

八、海口：海南島北部，海濱城，房價較低。

九、蘇州：長江三角洲和太湖平原的中心，詩意棲居。

十、成都：四川盆地西部，醫療條件較好。

Part 2

回歸自己

角色和身分

從我出生的那一刻起，我就成了我爸爸媽媽的女兒。也成了我哥哥的妹妹。我的妹妹和弟弟出生後，我變成他們的姊姊。

我的身分角色是，女兒，妹妹，姊姊。但不是「我」，這兒沒有「我」的存在。因此，我要聽爸爸媽媽的話。我要尊敬他們。不得有自己的思想和行為。我要將哥哥視為我的領導者，必須尊敬哥哥。我要照顧和愛護我的妹妹和弟弟。

在原生家庭，我從小被叮嚀，我是父母的女兒，做什麼事情，都要考慮是否顧到了爸爸媽媽的面子。例如我長大後，遲遲沒有結婚，媽媽為此大罵我，說我讓他們在村中站不住腳，在親戚中也抬不起頭來。給了我很多罪名。

因此，我被灌輸濃厚的內疚感，如果我沒有符合爸爸媽媽們對我這個「女兒」的期待，我應該覺得慚愧。

在這整個原生家庭的人際關係中，我有不同的身分和角色，就是沒有「我」。「我」是主體，少了主體，環繞其中的附體，豈不零零落落？就好像上餐廳點菜，只有點副餐，沒有主餐一樣，怪怪的。

沒有確認「主體」，附體又如何存在？結構上不完整，就好像建築一棟房子，沒有脊梁一樣，颱風來或地震，房子肯定要東倒西歪，甚至垮掉。

終其一生，在我成長的村莊，親戚們見了面，還是說「妳是珍童的女兒」。我的名字一直沒有在他們的心中生根，因為我是我父母的女兒，不是「我」自己。

這是台灣女性的面貌，我只是其中的一個代表。

找不到自己

長大了，結婚生子，台灣的女人在身分和角色上，變成了「媳婦」。所以，我的村人或親戚在和我的爸爸媽媽說話時是這樣說的：「你家媳婦怎麼樣？回來了嗎？懷孕了嗎？有沒有做菜給你們吃？有沒有伺候你們？聽你們的話沒有？」

這個成為「媳婦」的女人，角色很吃重，身分更是多元。她還成了嫂嫂或弟媳，她得兼顧夫家人的需求，一如一九六九年由劉福助作詞作曲，並由他和稍後鄧麗君唱紅的〈祖母的話〉歌詞所述：「做人的媳婦著知道理，晚晚去睏著早早起。」這兒的道理，包括打掃夫家、做早餐、關心小叔要結婚是否有床，小姑要結婚是否有嫁妝。

媳婦也是早期男人對外人稱呼自己太太的稱謂。媳婦的工作還包括祭拜夫家的祖宗，以便他日能成為夫家的鬼。好奇怪，是不是？更奇怪的是，以前父母逼迫女兒成婚，也是怕不婚的女兒將來沒有牌位，變成孤魂野鬼。當然，這個媳婦的另一個角色是太太。後來懷孕了，增加「媽媽」的身分和角色，要做的工作更吃重了。

孩子長大結婚了，這個女人的身分和角色，轉變成婆婆或丈母娘。關係更加複雜些。等到孫子出生了，她又增加了身分，變成外婆或奶奶。

女人終其一生，在這個關係結構中，都要做「好女兒」、「好媳婦」、「好太太」、「好媽媽」，或「好婆婆」。這也是女人一生最重大活著的目的。為了這個「好」，女人得勞心勞力，沒有自己，隱藏自己的需求與欲望，成就他人，並且無私的奉獻一生。以避免成為「好」的對立面，「壞」。

既然背負了這麼多的身分和角色，女人做事情就得面面俱到，要以「他者」為思考，要成為「利他」的人。如果不小心「利己」，是不行的，是自私的，有可能因此成為「壞女人」。

說穿了，這個「好」，就是各種形式的「貞節牌坊」，讓女人的思考和行為及行動，都受到限制，最後變成自制，將其內化成自己的價值觀，行動的準則。而那個「我」，一直不存在，或被壓抑在一個有很多鑰匙的昏暗箱子裡，到死時，還沒能見天日。

回歸最純粹的我

兩性專家黃越綏對我說：「台灣的女人被角色限制住了。只要掙脫角色，女人的生命就會不一樣。」

她說對了。十幾年前我出了第一本書《愛走就走》，那是談自助旅行訣竅的書，一些朋友的丈夫看到書名，也沒有翻翻書的內容，就不准他們的太太閱讀這本書，深怕他們的太太讀了《愛走就走》就會離家出走，就不是他的好太太和孩子的好媽媽了。

那些丈夫自以為有保護和教導太太的權利和義務，而他們的太太雖然可能擁有和他們一樣的學歷，還是如小朋友般，沒有自己的思想，需要受到丈夫的保護。

自助旅行，就是一個人幫助自己在外國的行動，也就是獨立。獨立的人，怎麼會變壞？

在希臘或土耳其或西班牙，總是可以看到穿著打扮一身黑的女性，連包住頭的頭巾也是黑色的，穿在腳上的襪子和鞋子也是黑色的。她們是寡婦，以黑色來表示對亡夫的忠誠和失去丈夫的哀傷。她們的衣服千篇一律只有黑色。不論那些女人「一個人老後」幾十年，她們還是被時光機釘在丈夫過世的那一刻。

我不知道，如果我已經死了，而一個曾經愛過我或與我一起生活過的男人，終其一生的為我一身黑服，是否會讓我在另一個世界更安心、更快樂？我想，大概不會。死都死了，我哪管那麼多。何況，那樣我怎麼到天堂去？我怎麼投胎呢？

現在，我們該抖落所有從小加諸在我們身上的身分和角色，回歸自己，回到「我」上。

我是誰？

峰迴路轉

二〇〇三年，是我人生的分水嶺。也是我女兒的生命轉捩點。

我的女兒小學畢業後，沒有直接升上國中，因為小學五六年級時，她在明星導師的嚴厲帶領下，壓力很大。因此，小學畢業時，為了紓解她的求學壓力，我安排她到南美洲祕魯的國中當了一年交換學生，讓她在不同的國度學校玩一年，藉此呼吸教育的新鮮空氣。

一個十二歲的孩子，只會說十句西班牙語和幾句簡單的旅行英文，就斗膽一個人前進遙遠的陌生國度，我覺得她很了不起。

半年後我到祕魯探望女兒，看到她在祕魯國中和同學交談熱絡，滿口西班牙語，和接待家庭相處愉悅。經過一年的異國教育和生活經驗，女兒的思想當然有了很大的變化。

在祕魯的國中，女兒的放學時間是下午兩點左右。放學後，就是自由時間。透過和接待家庭的妹妹一起看電視卡通節目，我女兒的西班牙語進步神速。

回到台灣時，女兒沒有從國一讀起，而是直接插班國二。女兒問我，為什麼台灣國中要上那麼久的課？從早上七點十五分到下午四點才放學，「上那麼久的課，真的有比較好嗎？」

不幸的是，孩子的導師還要加第八堂課，也就是要到下午五點鐘才放學。我們母女想法很簡單，看到加第八堂課的意願調查表上寫著「參加」或「不參加」，便想，既然可以選擇，當然勾選「不參加」了。

結果，我們母女從此遭到導師的排擠。女兒在班上被導師隔離，不許其他同學和她說話或作朋友。班上的家長則輪番打電話到《中國時報》家庭版，恐嚇主編不得繼續刊登我的稿子。

對一個十三歲的孩子來說，這是很可怕的「校園霸凌」。但是，長期傳統教育生態如此，這樣的事情，其實屢見不鮮。

建立了標準器官移植程序、自美國引進葉克膜技術至臺灣的台大醫院柯文哲醫師，三十三歲時到美國明尼蘇達大學進修重症加護醫學一年。在學業尾聲時，一位教授問他：「來美國一年有什麼感受？」柯文哲回想自己在台大醫院當外科總住院醫師時，一星期要上班七天，而且每天工作長達十幾個小時，反觀美國的住院醫師的工作時間有上限保障，便快人快語的脫口而出：「美國人是好吃懶做的民族。」那位教授反問道：「台灣人工作那麼認真，為什麼還不是最強的國家？」

這是柯文哲在美國一年教育受到最大的震撼。後來他體會了美國的文化精髓，Work Smart比Work Hard重要。同樣地，他也從美國的教育體會到，苦苦背誦那些醫療單字是愚笨的作法，「懂就好」，何必背誦？

台灣的教育，為了升學，早就扭曲了教育的本質。這與柯文哲在台大醫院的工作時數長，又全年無休，是沒兩樣的。

在那樣的環境下，如何受教育？解決的方法很多，最後我女兒選擇到美國受教育。

女兒的求學之路，不是一帆風順。當初考慮到經濟因素，到美國的第一棒，是請在美國讀大學的哥哥當監護人。第二棒是美國接待家庭。

轉學多了，女兒交友不易，對青少年來說，十分困擾。她央求我，讓她整個高中四年都不用再轉學。因此，我在女兒的高中時期，接下了第三棒。

那年我四十六歲。

在陪讀之餘，我安排自己到中喬治亞科技學院免費學習英語。一年半的英語課後，在英文老師布朗太太的建議下，我在成人高中（GED）免費上了一年半的課，通過喬治亞州的成人高中考試，拿到美國的高中文憑，那時我四十九歲。接著，我更進一步的踏入美國大學的殿堂，用獎學金開啟我從未夢想過的人生，那時還差半年，我就五十歲。

九年來，我因為這樣的意外，打開了我對於美國人「優雅的老」的見識，也因緣湊巧的認識了一些美國好朋友，跟著她們學習了美國「老的優雅」，發現原來老年可以老得那麼自在，那麼優雅，那麼的從容不迫，那是非常不一樣的世界。

這一切，都得從布朗太太的英文課談起。

認識自己，從問題開始

布朗太太的教學很嚴格。她每天為了教學，所做的備課工作多到教我瞠目結舌。她教英文不用課本，用她自己的教材，裡面都是要我們融入美國文化的內容。

第一堂課，她要每個學生在大家面前做自我介紹。自我介紹不是說名字而已，而是要在「我是誰」上打轉，要深入的對大家談自己，也就是「我」，再來談「我是誰」。

這個我，可以涵蓋前面我們說的角色，但更重要的是，要探討自己是誰。從那兒，她要我們為自己畫一條生命線出來。那條生命線要說出自己在人生重要的關鍵上發生的事情。

從那兒再延伸，她問我們：「你喜歡什麼？」、「你要什麼？」、「你需要什麼？」這三個過程不一樣，是層次上的差異，在我們的生活中，天天扮演著重要的角色。

「你喜歡什麼？」的英文是「What do you like?」，關鍵點是**喜歡**。喜歡是很主觀的，你喜歡學習，你喜歡蘋果，你喜歡吃飯，你喜歡住在台灣……

「你要什麼？」的英文是「What do you want?」，關鍵字是**要**，就是Want。你要買衣服，你要去旅行，你要吃蘋果，你要理頭髮……

「你需要什麼？」的英文是「What do you need?」，關鍵字是**需要**，就是Need。你需要支付水電單，要不然就會被斷水斷電；你需要支付房租，否則，房東就會把你趕出去。你需要讀書，否則就會成為文盲，一生將可能過悲慘的日子。你需要空氣、水、陽光，要不然生命就會消失。

這三個層次不同的語言，遙相呼應我們的生命，順序搞砸了，我們的生活和生命就可能一團糟。前兩者是選擇，後者沒有選擇的餘地。

例如你要買衣服，這個「要」，不是絕對必需的，是有選擇性的。這是人的欲望，可以加以克制。而你喜歡買衣服，境界更不同，是腦袋瓜和情感決定的，也是有選擇性或改變性的。而需要就完全沒有彈性，你不做或沒有做，就要毀滅自己。所以，優先順序決定了一切。

排除生命不需要的事物

既然有肯定句，當然也有否定句。

「你不喜歡什麼？」如我不喜歡逛街（但我喜歡買書），我不喜歡買東西，我不喜歡待在家裡。

「你不要什麼？」我不要吃飯（但我要吃麵）；我不要喝茶（但我要喝咖啡）。

「你不需要什麼？」我不需要買衣服（我已經有足夠的衣服，或朋友會給我衣服）。我不需要住大房子（小房子足夠我所需）。我不需要一千萬元養老（我的生活很簡單，不需要那麼多錢）。

所以，儘管你不喜歡，也不想要空氣，但你需要呼吸，沒有空氣，你就不能呼吸，這樣你的生命就無法持續下去。

那一天的課程，她要我們將這三個句子或六個句子，用自我介紹的方式寫自己，再將文章交給她修改。

看起來容易，其實那是深掘自己的過程，要真正探索自己，才能寫出那樣的文章。我在那一瞬間，剔除掉很多我不喜歡、不要的觀念和思想，也讓我的生命更簡單明亮。

想想看，在不知道自己是誰時，怎麼為自己做決定？在不知道自己喜歡什麼時，又怎麼做決定？例如上餐館用餐，面對菜單上那麼多的菜，你要點什麼菜？如果你不知道自己喜歡吃什麼，就說「隨便，都可以」。但，想想看，如果連自己都不知道自己喜歡什麼，別人又如何為你服務？知道自己喜歡什麼很重要，也是為自己負責任。

不知道自己要什麼也很恐怖。「我不滿意我目前的生活，但我不知道我要什麼。」既然不知道自己要什麼，又如何做改變？所以，每天持續的對人家抱怨，抱怨這個，抱怨那個，天天抱怨個沒完沒了，成了大家討厭的人。

我需要為我的一個人老後做準備，否則，我老時，將成為一個可憐孤單貧困的老人。這是我對自己負責任的表現。

看！當你釐清喜歡、要、需要時，生命就清楚了。

因此，回歸自己時，要先確認「我是誰」。花些時間，把自己喜歡什麼，不喜歡什麼；要什麼，不要什麼；需要什麼，不需要什麼；做一個總整理，你將對自己的一個人老後豁然開朗。

我需要有老伴嗎？

在談需不需要一個人老後時，我們需要回到第一章，重新省視全世界的過去、現在與未來老人的狀況。

全世界的老人人口中，年長女人比年長男人多了六千三百萬人。性別不均，是事實，我們無從改變。台灣的女人平均餘年和男人的平均餘年相差六年，而且年齡持續增長，原來如果女人和小自己六歲的男人結婚，婚姻可能有白頭偕老的機會。但年齡在變化，女人活得更久，如果需要有伴侶，那麼，就要往下探，與比自己更年輕的男人結婚，約會或同居。

這是有條件的，妳喜歡與男人一起生活；妳要與男人一起生活；妳需要與男人一起生活。這三個程序來看，前兩者成立，後者不成立。

放開心胸，展開第二春

喜歡與男人一起生活，想要與男人一起生活，很簡單。在一個人老後時做些改變，開始找對象約會、接觸。像我的美國朋友珍，她在結束第二次婚姻後，檢查得知乳癌末期，珍一方面到醫院做檢查治療，同時在七十歲左右上網認識男人，前後與不同的男友約會交往。她的生活因此而常高潮迭起，我也常聽到她的愛情故事。

有好幾個網站都為老年人交友拉線，你可以將自己的照片、個性、喜歡、不喜歡、要什麼、不要什麼等自我介紹放在網站上，就可能會收到和自己接近或想要的男士的資料，經過一些篩選或見面或寫E-mail，就會有更進一步的發展。

在美國，還有不少的老年人上高中網站或參加高中同學會，而找到晚年的伴侶。我一個朋友的媽媽在八十幾歲，丈夫過世後，上了她畢業的高中網站，找到一個以前不認識的高中同學往來，然後密切交往。

當那男人提出結婚的要求時，我朋友的媽媽斷然拒絕了。她覺得對方雖然很容易相處，也很幽默，但有控制欲，她不想在婚姻裡被男人控制，她也要保護自己的錢財，就拒絕了婚姻。不過，他們住在一起，一如其他伴侶一樣，互相有個照料。

還有一個七十幾歲的美國朋友，第一任丈夫年輕時外遇拋棄她，讓她傷心欲絕。獨自撫養唯一的女兒長大的過程中，她陸續和不少男人約會交往。後來，在跳方塊舞時，認識了第二任丈夫。在婚前，她已經知道未婚夫是癌症患者，仍然一頭栽入婚姻。幾年後，癌症帶走了第二任丈夫的生命。後來，愛跳方塊舞的她，又在方塊舞上認識了第三任丈夫，也是一個有癌症的男人。故事持續一樣，癌症丈夫走了，她繼續跳方塊舞，繼續和不同的男人約會。

對這位朋友來說，那些生命中的男人，就像火車站。在不同旅程，有人上車，也有人下車。同樣地，自己在別人的旅程中，也是上上下下。

迎接第二春，女性可向男性學習

邱淑慧說：「我是四十歲離婚的。如果我沒有來美國讀碩士，離婚後繼續留在台灣，我肯定找不到對象再婚。台灣社會對離婚的女人非常不友善，而且再婚的市場像一灘死水，離婚女性很難在台灣找到再婚對象。」

即將步入五十歲的邱淑慧比她的美國丈夫大六歲。她的丈夫是銀行的小職員，是她中年到美國讀書後，打高爾夫球認識的。愛打高爾夫球的邱淑慧發現，原來美國人收入那麼普通也可以打高爾夫球（美國打高爾夫球價錢便宜，如我住的梅崗城，三十元美金就可以打十八洞的高爾夫球）。她還發現，美國人的生活方式很簡單，物質欲望沒有台灣社會那麼高，人際關係也單純，生活品質反而更好。

在一段戀情後，珍有一次告訴我，晚年的女人比較難找到好的對象，因為屬於她這年紀的好男人不多。

對於老年男女人口差別太多，我問珍，這樣老年女人要戀愛時，怎麼找對象？她輕鬆的說：「在這方面，女人要向男人學習，不是往上找，而是往下探。往下探，可以探到二十歲或更年輕，但八十歲對二十歲，好像就差太遠了。」

沒錯，我的一位英文老師李，在為太太的葬禮舉行溫馨的音樂會後，和比他長很多歲的女人戀愛，在妻子過世後不到一年，兩人就踏上婚姻禮堂。另一位男性朋友史帝夫也如此，婚前和太太感情甚甜蜜，妻子葬禮後，他為乳癌過世的妻子募款成立一個防癌基金會，半年後，他也再婚了。

在老年情愛路上，男人再婚的速度很快，而且不影響他們對前妻的感情。拿得起，放得下，這點是女性該學習的。

選擇自己想要的

我的朋友莎拉在五十歲左右，在她口中是最好情人的丈夫辭世了。她的丈夫生前在殯儀館工作，為死者化妝。「他每天下班，幾乎天天在回家途中買一束花給我。他的吻功非常了得，很體貼和溫馨，讓我至今還回味無窮。」莎拉對我描述她的丈夫時，從她臉上的笑容，我知道她是多麼的幸福。由於和丈夫的恩愛婚姻幾十年，她後來雖然斷斷續續談了幾次戀愛，情況也不錯，但她只願意維持男女朋友的約會，不再踏入婚姻。「我要將我唯一的婚姻，留給亡夫。」

相反地，我的八十六歲好朋友，安妮塔，在丈夫十多年前斷氣的那一刻，不是傷心痛哭，而是跪下來感謝上帝，「主啊！謝謝祢終於將他帶走。」

她的丈夫瑞，在辭世前，生病臥床足足三十年。這讓既要工作、又要照顧丈夫的安妮塔疲憊至極，而她的公公在婆婆過世後，有一天沒有預警的就主動搬入了安妮塔與丈夫的家，之後，安妮塔又照顧生病的公公二十年，把她折磨得不成人樣。

「伺候照顧兩個生病的男人幾十年，夠了。我再也不要男人了。」即便安妮塔的女友們單身或在婚姻路上傷痕累累，仍在情愛的路上屢仆屢起，她還是死了那條心。

「我一個人獨居很舒服，很自在。愛起床就起床，愛睡覺就睡覺。肚子餓了，要吃也行，不吃也可以。想外出，我車開著就走，不必向任何人報備，只要對我的小狗說說就可以。人生還有比這更自由祥和的世界嗎？」

我的鄰居，一百歲的林春朝先生，在五十歲時妻子過世後，曾有很多機會再婚。有的女性捧著房子嫁妝前來，但他覺得那麼多對象都沒有給他靈魂伴侶的感覺，就放棄了，決定單身。他單身了五十年，雖然沒有伴侶，也沒有遺憾。

我的一位鄰居在太太提前告別生命後，八十歲的他，也找到了一位年紀接近的女朋友。兩個人各自住在自己的家，「很談得來，感覺很好。每天我們一大早就一起做運動，一起爬山，一起吃午餐。回家再睡個午覺，感覺生命真是美好。」說到他的女朋友，我的鄰居臉上的笑容，是錢也買不到的珍貴。

想要男人，就勇敢的去想，去要。性愛的確不錯，兩情繾綣，不分年紀。我的一個美國朋友的阿嬤，在丈夫的葬禮上對一票子孫說：「我感到很內疚，我的丈夫就在我上面走的。」聽到那樣的話，子孫全安慰她，說那是人生最美的境界，高興都來不及了，何需內疚？

晚年和男人約會，即便沒有碰上自己喜歡、自己想要的，那也沒有關係。反正，本來就沒有，所以，也沒有損不損失的問題。

不想要男人，也不必覺得難過。只要一個人老後過得好，有沒有男人，不是重點。兩性專家黃越綏甚至說：「戀愛不分年紀，什麼年紀都能愛得轟轟烈烈，都可以勇敢嘗試。但兩性老年人口差距太大，老年女人找不到戀愛的對象，也是事實。性，在老年世界裡，不一定是絕對必要的，因此，女性和女性戀愛，將是趨勢！」

和黃越綏看法相同的大有人在。我在美國大學修「婚姻與家庭」課的佛洛伊德教授是黑人，他便說過，美國黑人的婚姻，平均一個男性擁有六個女性，而女性在多次破碎的婚姻或情感煎熬下，還得獨自養育來自不同男人的子女，最後，對男人失望了，就轉向女性尋求愛情。

平常心看待生理需求

如果不介意非要人的體溫不可，其實，情趣用品店提供了不少的選擇，尤其是女性專用的按摩棒，有手動的，也有電動的。還有不同大小尺寸，長短都有。讓有性需求的人買回家後，愛多少就可以有多少，甚至有不同的牌子或設計，可以自助。美國的情趣用品店大多沿著州際高速公路設立，有如美國的旅館和餐館一樣，不就說明了，性、食、住及行，是結合成一體的？

安妮塔在擔任護士期間，曾經有一位八十幾歲的人羞赧的問她：「老年人還有性的需求是對的嗎？是不是生病了？」

當時還年輕的安妮塔對那位老人說：「性是從出生那一刻就產生，和年紀無關，八十、九十歲還有性的需求，是完全正常的。」那位老人聽到安妮塔這樣說，如釋重負的放下他的不安，高高興興的道謝離去。

既然是一個人老後，想法就要開放些，自己身體的需求，唯有自己最清楚，即便到一百歲，仍有需求，也不必驚慌失措。那麼，就不必再矜持，也不必假仙了。

如果不好意思一個人逛情趣用品店，不妨幾個朋友吆喝，一起前往情趣用品店探險。要不然，上網瀏覽和購買也很便利，連情趣用品店的大門都不必跨入，就可以手到擒來。

養隻貓或狗，好作伴

美國的老人，獨居比例非常高。獨居的原因很多，喪偶、單身、離婚、喜歡獨身……原因不一。

自己一個人住，就一個人吃飯。台灣人強調，要有人一起吃飯，會吃得更香，更食之有味。甚至，在飯友和性友之間，會有所取捨，認為飯友比性友重要。

其實，這是完全不同的事情，根本無從比較。就像數學裡把貓和狗放在一起計算，而沒有分類，就出現問題了。除非我們談的是動物，否則貓和狗屬於不同類別，不能放在一起計算。

吃飯和做愛不一樣，飯友不能取代性友，性友也不能取代飯友。

但一個人的屋簷下，有時未免太安靜；靜得連一根針掉到地上都聽得一清二楚，就顯得太寂寞了。

寵物，第二個孩子

美國的老人獨居要能過得快樂，除了有信仰支撐，其中的一個重要原因是有貓或狗作伴。貓和狗在美國人的世界，地位猶如家人，並不是寵物。

例如安妮塔的丈夫過世後，本來陪著生病丈夫的狗，邦妮，立刻轉了向，變成安妮塔的狗。邦妮對安妮塔說話，聽安妮塔說話，也陪她在院子散步、喝咖啡和吃飯。有時候邦妮還坐在車內，陪她一起拜訪孩子的家庭或親戚好友。

邦妮像是安妮塔的孩子，常躺在她懷裡撒嬌，陪她閱讀書報或看電視。安妮塔每天對邦妮說話，說她的心情，也說她和朋友生命的故事。

晚上睡覺時，邦妮猶如嬰兒，不只有自己的嬰兒床，大部分時間都和安妮塔一起睡覺。半夜，安妮塔起床上廁所時，邦妮也下床，亦步亦趨的跟著她到洗手間。

吃飯的時候，邦妮坐在安妮塔的腳下，有時伸長脖子，等著安妮塔餵她食物。安妮塔會一邊吃飯，一邊和邦妮聊天，如：「妳不能浪費食物啊！我剛剛給妳一塊食物，妳丟下地上沒吃，又要其他的，這樣的行為不好。」

或者，「妳要坐下，才可以吃飯。」一連用餐時，安妮塔都要訓練邦妮的用餐禮儀，和教導孩子沒有兩樣。

這樣一餐飯吃下來，也要花一兩小時之久。邦妮就是安妮塔不折不扣的飯友，飯友不一定是人。狗兒扮演的角色，常比人更貼心，也更溫暖。

邦妮被車撞死時，安妮塔哭得肝腸寸斷，心有如喪失親人般劇痛，無人可以療她心中的傷。她為她的愛狗整整哭了一個月。為了避免再因喪親而痛，安妮塔發誓，絕對不要養狗了。

可是，接下來的日子，安妮塔的笑容不見了，取而代之的是憂戚寂寞和沉默。她不再開懷大笑，早上也懶得起床。

後來，安妮塔在報紙上看到一則出售狗兒的廣告，便打了電話給狗主人。狗主人聽到安妮塔喪狗的哀傷，慷慨的要免費贈送她一隻剛誕生，長相和邦妮一模一樣的波士頓㹴犬，說給狗兒找到好的家庭，也了卻一樁心事。

安妮塔拒絕對方的好意，說一定要付錢才合理，因為對方為狗兒付出不少。

總之，一隻剛出生，叫做魔力的狗，也果然有魔力，很快就驅除了安妮塔失去狗兒的傷痛。而安妮塔，成了魔力的媽媽，每天花很多心思在訓練狗兒大小便，教導狗兒ＡＢＣ，和應有的禮儀等。

我又看到安妮塔帶著魔力出門，也看到她和魔力玩遊戲，你丟我撿時，狗兒有了足夠的運動量，而安妮塔的手臂也在丟玩具時轉動而順便運動了。

安妮塔常對我說，魔力是魔力，魔力永遠不可能取代邦妮的地位。「她們的個性和氣質也不同。邦妮不喜歡其他的狗。打雷下雨時，邦妮全身嚇得發抖，需要我保護她。魔力的個性比邦妮更開朗，也更愛玩。」

付出，讓生命更美好

媽媽對孩子的心情，豈不也如此？再多麼喜愛孩子，每一個孩子在媽媽的心中自有其地位，那是其他孩子無法取代的。

通常，養貓和養狗的人是不同個性的。在美國，養貓的老人也很多。一般來說，愛貓老人的個性比較纖細，也比較安靜和敏感。而養狗或養貓，不分性別。

不論如何，一個人老後，若有狗或貓作伴，那樣的老年獨居品質是非常祥和美麗的。不過，台灣的社會還不普遍或習慣把狗或貓當家人，老人家可能也對貓和狗仍帶有害怕和戒心，正如我還沒有養狗之前的心態一樣。

不過，在有了我的第一隻狗兒開心果之後，我體會到美國老人或美國一般家庭那麼喜歡寵物的原因。我的狗兒陪我寫稿，陪我散步，也陪我玩。我們一起共度了十年的美好時光。來美國後，我也曾經有狗陪伴，很快就彼此互相喜歡了。

有些美國老人不只養一隻狗或貓，可以說是養了群狗或群貓，甚至於兩種都有。我的美國大學統計教授崔柏林博士也是單身一人，他的家幾乎是動物的世界，有十幾隻狗和貓相伴，讓他連離開家去度假都不肯。

貓和狗的種類很多，可以先閱讀狗和貓的書籍，認識種類及個性後，再看看自己喜歡大型、中型，或小型的狗或貓。另外，也可認識品種如臘腸狗、獵狗、土狗、馬爾濟斯……有些狗兒的個性很依賴，晚上上床前不只要陪睡，要抓背，還要為牠們讀故事書，就如年幼的孩子那般。

找到適合自己，而自己也喜歡的狗，是很棒的事情。若缺乏挑選和養狗經驗，可以詢問有養狗經驗的人，並多閱讀狗貓的相關書籍，多瞭解牠們，也為自己的一個人老後開啟了一條有伴之路。

貓狗的價錢不一。有些貓狗的價錢很昂貴，甚至貴達十幾萬元，但也有很便宜的，甚至是免費的流浪貓狗，也很貼心，並不因被前主人遺棄，就不可愛。但有些被虐待過的貓狗，需要做一些心理療傷就是。

為狗兒找到一個家，也為自己找一個伴、一個孩子，做些付出是值得的。

獨居，不必然寂寞

美國的自然主義作家兼哲學家，《湖濱散記》（*Walden*）一書作者亨利．大衛．梭羅，於一八一七年在美國東北部波士頓近郊的康考特小鎮（Concord）出生。哈佛大學畢業後，二十八歲那年，他在華爾騰湖畔旁所撰寫的《湖濱散記》奠定他哲學大師的地位。

《湖濱散記》是記錄梭羅在華爾騰湖畔隱居兩年又兩個月的生活散文。沒有鄰居，只有森林，只有大自然。雖然只有一個人住在森林中，他卻不認為自己孤單。他還認為孤單和孤獨不同。他給孤獨的定義是：在群居的社會中，孤獨與外在的人際關係沒有關聯，應該要以一種超然的角度正視孤獨，用心去體會大自然的萬物，投注想像力，一草一木皆是文章。梭羅認為，和人群保持距離有助於己身的反省。如果把人的內心世界比喻成一種地理形勢，梭羅認為人們應該當自己內心世界的哥倫布，敢於探索及開發。

我想，想要對「一個人老後」有更多心理準備的人，可以一讀再讀他的《湖濱散記》，把梭羅的話、思想，以及他一個人在廣袤的森林獨居的經驗，作為自己獨居的反思。

孤獨，不等於寂寞

在梅崗城，我參加了一個讀書會，每星期聚會一次，光是一本書的閱讀和討論就長達三個月。二〇一三年夏天，我們閱讀的是《*A Hidden Wholeness*》，作者是Parker J. Palmer。這個讀書會探討的主題很多，依著章節進行，主題也都圍繞著自己，從自己出發，例如「尋找自己的路」、「我是誰？」、「想像自己的路」……

某次的主題是「Being Alone Together」。既然談到獨自一人，我提出來的問題是：孤獨和寂寞有什麼差異？讀書會帶領人說，寂寞是「需要一些什麼」，而孤獨則是享受自己一個人。

也就是說，有時候在人群中，我們還是可能寂寞。但獨自一人時，反而往往樂在其中，不需要其他人或什麼來彌補所缺。讀書會的成員有二十多人，後來我發覺，在場的美國朋友們對於孤獨和寂寞的定義都很清楚，也頗能優游自在於一個人的時刻。

就像珍，她的乳癌末期治療從波士頓轉到亞特蘭大後，每三個月得開車到愛茉莉醫學院複診。梅崗城開車到亞特蘭大需要兩小時車程，上次我問七十二歲的珍，需要我陪她到亞特蘭大就醫嗎？她考慮了三秒鐘，說：「很高興也很感謝妳這麼好意，有妳陪同，當然旅程會很有趣，但我想我自己一個人可以掌握。」

一個乳癌末期的人，冒著傾盆大雨，一個人開車兩小時去就醫，都不覺得寂寞，這與個人內在是否完整，大有關係。

遠見總經理林天來對孤獨的定義是：「閱讀，可以讓你學會孤獨，懂得孤獨，也學會思考。年輕人似乎缺乏面對孤獨的能力，可能連走路睡覺前都在講手機，應花時間深度思考，深度閱讀，深度學會獨處，然後能夠跟自己對話。」

主持大愛電視的李文媛則說：「只要懂得閱讀，就不怕孤單、變老。」

因此，獨居不一定是寂寞，獨居也不一定是「孤苦無依」。同樣地，看到一個人在餐館用餐，也別亂套同情心，說人家一個人吃飯很可憐。

享受孤獨

如果沒有貓狗陪伴，還是自在，那也很好。我的好朋友潘是工程師，她終生未婚，一個人住一間大大的房子，沒有貓狗，陪她的是電視、網路、音樂和書。她白天工作，每週有一天中午擔任一個小學女孩的精神導師，陪那女孩一起午餐，週末有時也邀請那個女孩到自己的家，或帶她上博物館或見識其他地方。另外，她每週二晚上還在成人高中擔任義工，加上自己愛做衣服和閱讀，她的生活非常充實。

幾十年的獨居，潘不覺得需要貓狗陪伴，而且她的院子常有小鳥來吃食物。因此，她非常享受自己一個人老後卻沒有任何伴的生活。

「也許習慣獨居了，我無法和人家一起生活在一個屋簷下。朋友來訪，過夜沒問題，但若要同居一個屋簷，我無法承受。」此外，潘也自認個性非常內向，「無法和男人談戀愛。」

享受與自己相處，是一個人老後很重要的哲學。潘是一個非常溫暖，也很溫柔婉約的人，她同時擁有工程師的性格和特質。她將自己不同領域的特質和專長結合，讓自己與自己和好，或者可以說，自己和自己戀愛也無不可。但和自己戀愛，絕對和自戀不同，那是完全兩碼事，不能混為一談。

潘擁有很強的宗教信仰，這也奠定了她內心的平靜與祥和。她的床頭永遠有一堆書，其中一定有宗教的書。信仰讓她知道自己是誰，也幫助她看到自己的好，和自己的專長。

星期六，若沒有意外，潘的行程通常是到以農家為主的傳統市場買菜。在走過市場時，與那些農人或販賣自家做的食物的人聊天，是她的樂趣。她也常一個人開車到外地旅行。

星期日，是教會日。潘在教會裡的工作，是照顧小嬰兒，好讓那些年輕的父母可以鬆口氣，專心的聽牧師講道或參與教會的其他活動。潘很享受一個人照顧一兩個小嬰兒的時光，她覺得那些粉嫩的臉孔都是天使。未曾結婚也沒有孩子的潘，透過在教會的服務，讓她滿足生命中某部分的缺憾。

雖然潘很喜歡去教會，也在教會認識很多人，不過，潘很有自己獨特的看法，每隔幾年，她就會換一個教會。也許，那是她更新自己生命的方式，不讓自己因為單身而成為一個團體裡的永久成員。

拓寬朋友版圖

交朋友，不設限

很多人退休後，會發現以前一起工作幾十年的同事，在退休後忽然不見了，失去了聯絡。有的在工作上原本有互動關係，而且關係還挺密切的同事，離開工作單位後，彼此的關係也沒有了。怎麼會這樣呢？

人的關係如果是建立在利益上的，通常關係就會因利益不存在而消失。我認識一位九十一歲的先生，一輩子做貿易，叱吒商場，十分神勇；老來卻每天待在家裡，一個朋友也沒有。對他來說，所謂的朋友，就是昔日一起上學讀書的同學。但同學也因年紀關係而凋零，剩下他一人，他更孤獨了。他的女兒帶北上的爸爸到植物園散步時，曾對我說，沒有朋友的爸爸更難相處。

台灣還有一種現象，交朋友的範圍常被一些觀念所侷限，如年紀，總覺得要和相近年紀的人才有話說；如性別，要同性相處才自在；如省籍，相同背景才好聊天；如政黨，如果要罵另外一個黨，可以一起罵個過癮。在這樣的狹隘觀念下，移民到外國時，省籍就變成國別，只和來自台灣的人交朋友，或者擴大一點，只和華人交往。所以，居住的國度地域雖然大，卻仍然很孤單。

有人從年輕時到國外讀研究所，拿了博士學位，在居住國工作了一輩子，所交往的淨是工作上的朋友，連社區活動也沒有參與。退休了，才發覺同事是同事，不是真的朋友。故鄉已成他鄉，他鄉已成故鄉，但故鄉卻沒有知己好友，怎麼養老？因此，開始東奔西跑，要找一個可以養老的社區。美輪美奐的房子和居家社區，環境的確很好，但能打進社區和人建立關係嗎？還是繼續像一座海上的孤島，存在，卻離群索居？在那種情形下，心靈將會感覺到空虛。於是又回到生長的故鄉，發現同學依舊在，似乎可以抓住浮木，靠一下。但這樣很危險，萬一如前面提到的九十一歲貿易商，同學皆凋零後，該如何是好？

有一個朋友八十幾歲了，住在美國幾十年，最近卻一直想要搬回台灣定居養老。「長庚醫院有一個養生村，一個月三萬台幣，就可以舒舒服服的養老。在美國，雖然孩子的家不遠，也與當地華人交往不少，但就是心裡不踏實。」

怎麼會這樣呢？當初國共內戰時，他逃到台灣，台大畢業後，立即到美國留學。其實他在台灣總共也不過是六年時間而已，遠遠不如美國的五十幾年，可他的內心底層還是感覺台灣才是故鄉，覺得台灣國語實在好聽又親切。

培養興趣，更能交到朋友

不少人成為好朋友，都是透過擔任義工或志工而來。由於那是沒有酬勞的工作，是抱著內心的喜悅去做的，這樣的人較容易打開胸襟。因此，在一起擔任義工時，也容易因某些議題或合作而互相瞭解，進而成為朋友。

一起練習太極拳、氣功、書法、繪畫、登山……這樣的人也容易成為真實的朋友。志趣相同，友誼有個基礎，漸漸無話不談，也是可能。

當然，我們不得不承認，小學同學是最不設防的朋友。即便數十年沒有聯絡，在電話上一聽到名字，就活絡絡的，連客套都免了。我這次回台，打電話給一個國中畢業後就沒有聯絡的小學同學，她一聽到我的名字，整個人立刻亢奮起來，好像我們昨天還一起坐在教室裡聽老師講課，還一起在操場或走廊踢毽子。接著她告訴我其他還在家鄉的小學同學近況，要多少電話號碼，她都可以毫無保留的給我。

國中同學比小學同學遜色些，因為當時已經進入尷尬的青春期，但彼此還是可以談天說地，畢竟地緣關係還是近。高中同學，似乎又遠了一點。但若是住校生，情況則不一樣，因為有共同的生活經驗，包括交男友、對抗舍監……而有同仇敵愾的情誼。大學？台灣的大學因為同進同出，又首次離開學校監獄，呼吸到自由空氣，得以自由交往，自然比較有深厚的感情。

總之，朋友在養老上佔的地位有如過去勇闖事業一樣的重要。如果沒有太多好朋友，趕緊早起，到公園、植物園、學校等做運動的地方，找一個團體加入，和人家一起做運動。透過運動，交朋友容易。不喜歡加入團體的人，也可以一個人做運動或快走，總會碰到一些人主動說早，而開啟話匣子。要不然，到社福團體擔任義工，那兒永遠都需要不支薪的工作人員。再不然，就到廟裡或教會掃地當義工也行。更容易的是，擔任自己居住社區的義工，掃樓梯、種植綠色植物、美化社區……我保證，鄰居們很快就主動靠過來感恩一番，友誼的門也同時開啟。

放下身段，友誼自然來

不過，永遠要記得，不論過去是什麼身分頭銜，一定要將其鎖入保險箱，才容易在老年階段交到真正的朋友。在台灣還不知道何為環保，就從國外引進環保概念、還積極的在台灣做環境維護的林俊義，曾在東海大學生物系任教多年，也曾到外國擔任大使，在環保署長任內因墾丁重油汙染事件下台後，如今已經退休五年。

他說：「我最討厭學歷。學歷也不等於知識。到六十歲時，我才知道台大的人都很呆。因為他們不懂生命。」台大是台灣學界的天之驕子，有多少人犧牲童年到高中的歲月，就是為台大而拚，而從台大出來的林俊義卻說台大人是很呆的。

不只這樣，台大出來後，又讀研究所，但到了美國，林俊義卻從大學部讀起。在美國又拋下博士課程，跑到非洲作義工三年，全身都是叛逆基因的林俊義不但藐視台大，也為身分頭銜做了一個註解。「每個人的生命都很美。」生物背景出身的林俊義看待人文，自有一番不同的觀點。

不巧的是，最近亞特蘭大卻成立了一個以博士學歷為門檻的台灣人退休團體。不知道這樣將其他族群隔離開來的博士退休團體，是以自己的博士學歷為傲，或以博士作為義工社會的結構？

八十八歲的詹先生走路不是很方便，每天他拄著枴杖走植物園三圈。他的身旁總有一位八十五歲的周先生陪伴走路。「我在植物園交的朋友有幾十人之多，唯有周先生不離不棄，在我行動不便後，仍然每天陪我走三圈。他自己先來植物園走三圈，又陪我走三圈，天天不間斷。其他朋友總嫌棄我走路太慢，立刻超越，把我甩到後面。」詹先生在說這樣的話時，周先生的臉上平和的笑著。他們每天早上一起走三圈植物園，邊走邊聊天，天南地北的聊，這是連子女都做不到的事情。

在老人世界裡，友誼常比子女還重要。友誼是沒有身分的。

加入團體，更有活力

植物園內有一個八十一個人的團體，成員從七十歲到九十多不等。原先每星期二一起爬山，登山前，還得有人先勘查路線和安全，以防老人摔倒，如今，因團員能爬山的愈來愈少，就改成每星期六早上運動後到植物園附近的丹堤或怡客咖啡館一起吃早餐，聊聊天。

我和這個團體一起吃過一次早餐，那兒男女不分，感覺挺好。一百元就打發的早餐，邊吃邊聊，一個早上很快就飛走了。老人的生命，無論在都會或在鄉下，都有其需求。

植物園還有一個團體，和風千歲合唱團，團員平均年紀是八十三歲。其中有五十七人的年紀從八十到一百零二歲不等。原先，愛熱鬧愛看人的九十四歲李先生已經在植物園打太極拳五十年了，他天天義務教人家打太極拳，後來有些人更老了，打不動太極拳，大家就索性改成唱歌，而唱的歌就是他們的「兒歌」。那群人的「兒歌」是日語歌，因為他們生長在日據時代。李先生的媳婦阿敏在退休後陪伴公公和這一群老人，協助他們找歌譜，印歌譜。這個千歲合唱團有如幼稚園生，天天歡歡喜喜的唱歌，還意外得到中正區的歌唱冠軍。

千歲合唱團的經費，大致上是李先生供應的。阿敏覺得公公為人慷慨，對人好，又愛熱鬧，她延續公公的精神，公媳在植物園創造了一群老人的快樂，也有一些年輕人受到那樣的氣氛感動，自動加入當義工，如拍照，或一百零二歲生日派對時準備派對所需……我有幸在植物園跑步時參加了這個生日派對，看到有些老人當場演奏樂器，有人化妝扮演神仙，見證了老人真摯的友情。

「其實我公公已經搬到板橋幾年了，他還是天天要到植物園打拳，和這群人一起唱歌。」阿敏對我說，丈夫的兄弟們因為爸爸熱愛植物園的朋友們，也因此樂意擔任天天開車接送的任務。

這個千歲合唱團的團員因為天天一起在植物園唱歌、聊天，也成為好朋友。他們的子女，有的也因這樣而結識。

我居住的鎮上有家連鎖餐館，有一個團體叫做寡婦早餐會，每天早上一群年紀從七十到九十幾歲的寡婦一起共進早餐。有些丈夫自覺會比妻子早離開人世，不但鼓勵自己的妻子提早加入這樣的寡婦早餐會，自己也加入，成為寡婦早餐團員之一。有一位台灣人的美國丈夫陪妻子參加寡婦早餐數年，最後，那位丈夫就在某天早餐時走了。像那樣胸襟開闊的丈夫，為太太預先鋪設寡婦之路，好讓太太不至於因為配偶離去而痛苦不堪，甚至有支持的人一起共進早餐，實在是很不錯的想法。

珍從波士頓搬到梅崗城才六年，但她結交的朋友非常多。我問珍，剛到新的地方，如何踏出交友的第一步？

「我去狗公園遛狗（梅崗城有一座很大的狗公園，是一位愛狗女士過世時捐出土地所建）時認識了一位也在遛狗的牧師，就跟著他去上他的教會，然後在牧師家的派對上，認識了一個可愛的年輕人，他對我說：「妳非認識我的媽媽不可，她是一個很有趣、很有理想，和妳的氣質很合的人。

因此，我就認識了他的母親，芭芭拉。她果然成為我的知己，我們無話不談。後來因為我的家人上的教會不同，我跟著孩子們上教會，又在新的教會認識更多人；也因為參與義工活動，像是擔任教會義工，也跟著認識了很多朋友。

另外，每學期我都會到大學修課，在課堂上，又認識不少朋友。」

我認識芭芭拉，是透過珍介紹的，她們兩人年齡接近，都是七十幾歲的人。我和她們沒有年齡界線，沒有代溝。她們最近邀我一起去電影院看「The Butler」，我們共享了快樂的午後時光。珍每隔一段時間也會邀我一起開兩小時車去麥迪遜城探訪她的表哥表嫂，去騎馬和釣魚；我也邀珍和我一起到朋友家的院子採藍莓。

朋友間若有一些活動不斷交叉進行，話題無限延伸，關係就活絡。

朋友絕對是老年不可或缺的，因為老年人的時間多，沒有朋友就得度日如年，或者在家裡唉聲嘆氣，或被電視看，或者看天花板發呆。朋友一起做運動、聊天、散步、吃飯、互相鼓勵，知識分享……時間不需要打發，反而覺得過得太快。

五湖四海，都有朋友

非血緣，無限寬

我的女兒曾經對我說，朋友是無需血緣，可以無限增產的。

老朋友固然對進入老年很重要，但老朋友也會逐漸的凋零、減少，就會愈來愈寂寞，讓自己愈老愈可憐。因此，擴增新朋友的版圖不只有其必要，而是太重要了。新朋友就像活水，讓生命更新鮮。不一樣的觀點，可以活絡自己的思維，開拓自己的視野，絕對會讓老年生活更多采多姿，也會活得更健康。

交「老」朋友，可以聽到很多不一樣的人生故事，有失敗有成功，有快樂也有悲傷。而且，當我的一些「老」朋友和我說話時，偶爾還會倚老賣老地說：「丘引，妳還太年輕，還是貝比（Baby）。吃老妳就知……」五十幾歲的人了，還被朋友說太嫩，這豈不是最高級的免費拉皮？

交「年輕」朋友，則是可以知道年輕人玩的把戲和他們的想法，讓自己不和時代脫節，還能減少自己和孩子之間的衝突，同時也明瞭社會變化的趨勢。如果台灣年輕人不開口閉口稱呼「伯伯、阿姨」，改稱「先生、女士」，一如美國人說的「Sir或Ma' am」（先生或女士）、或乾脆直接叫名字，那就更上道了。

嬰兒潮的人喜歡當自己，不喜歡被叫「伯伯或阿姨」，不像父母那一代，喜歡尊稱。已經退休的王瑞民有一次氣沖沖的說：「剛剛在捷運上有人對我說：『伯伯，請坐』，氣死人，怎麼叫我『伯伯』，太難聽，我有那麼老嗎？」

「瑞民，那年輕人還沒對你說『爺爺，請坐』哩！還不算太壞。我在美國的華人超市，還被年輕的大陸媽媽要娃娃叫我『奶奶』，把我氣瘋了！後來碰到台灣的年輕人，我就直接說明，叫我『丘引』或叫我本名，讓我們平等以待。」我分享了自己悲慘的遭遇，瑞民還是氣憤難平。

美國人不論年紀，都直呼名字但不帶姓，感覺平等親切。連三歲的娃娃也直接叫我的名字，多好。

我的阿姨七十一歲，從小我就叫她「阿姨小姐」。阿姨小姐喜歡交很年輕的朋友，從十幾歲到四、五十歲不等。長年下來，她的頭腦很開放，溝通零障礙。

從新朋友那兒可以學到很多新的興趣，培養玩遊戲的能力。因緣際會，我在美國讀書交到的朋友很多，不分國籍、性別、膚色、年紀、階層。這些朋友讓我的生命更開闊，也聽到不一樣的生命交織成的可歌可泣故事。

隨著我在美國上英文課愈久，和同學認識也愈多。在英文課，我的記憶力開始進步，我和同學們的關係也不錯。我在班上成立了電影俱樂部，電影俱樂部在星期五舉行，同學們就到我家看電影討論，這也促進同學們的英語能力。

不同國籍，相同友誼

有兩個越南同學和我交情不錯。其中一個長得俊俏、二十幾歲的男生叫做湯，他是美甲師。湯的個性開朗風趣。十五歲時，湯和十八歲的姊姊在父母的安排下，姊弟倆和一群陌生人一起搭上一艘小小破破的漁船偷渡到泰國。小船擠得水洩不通，空氣不良。很不幸，船破了，在海上漂流幾天，船上沒水也沒食物，他又飢又渴的癱倒在汪洋中的破船上，絕望的以為此生再也無法見到留在越南的父母。

就在船上的人都奄奄一息時，船被救了，湯和姊姊及其他乘客也被泰國的警察逮捕了，因此被安排住進難民營裡。

在難民營待了七年半的湯回想當時的處境，仍然心有戚戚。「難民營的食物永遠都不夠，每餐只有半碗飯，只有一小塊魚或肉。每天我都在飢餓中度過。當時的越南很危險，我的父母希望子女能生存，才那麼辛苦的花上所有的積蓄，把我們姊弟安排偷渡出國，只是要一線求生的希望。」

「七年半後，美國政府到泰國難民營來，問我們姊弟想要去歐洲或美國。我們選擇美國。很快地，美國政府救援組織就安排我們搭飛機到美國。後來，我們在美國打工賺錢償還美國政府為我們代墊從泰國飛往美國的機票費。我們姊弟靠著為人家修剪和上色指甲，也逐步在美國安穩的生活下來。」

「在難民營，什麼事都不能做，只能等。等著安排。等待的滋味不好受，心裡是滿滿的不確定感。」

湯的逃難故事經常鼓舞著我。我們也變成好朋友。

當年我離開台灣的時候，怕在異鄉孤單寂寞，帶了很多書、大同電鍋、燉鍋，以及陪我踏遍全台灣的腳踏車，連行李箱也沒空間裝衣服。因此，我的大部分衣服都是在美國人的後院大拍賣買的，衣服的品質很好，也不舊，價錢很便宜，常常一件衣服或長褲只要二十五分錢，約合新台幣七元五角。

當湯知道我買二手衣服的價錢後，就常叫我「Ms. 25 Cents」（二十五分女士）。

另一位越南的女同學叫蓮。蓮逃出越南的過程比湯更波折，她逃了幾次都被越南警察抓回去，抓到後來，警察對她說：「怎麼又是妳！」

蓮的父母雖然早就在美國定居了，但蓮就是逃不出來。「我在越南活不下去。

當時的政治和現在不一樣。我只能逃。」

還有一位墨西哥同學卡西娜，三十歲上下，長得很漂亮清純，氣質很棒，態度非常好，禮貌更不在話下，還擁有墨西哥國立大學的文憑。

卡西娜的家就在美國和墨西哥邊界。卡西娜說，住在邊界的人擁有進出兩國的自由權。婚姻破碎後，卡西娜開車帶著小嬰兒進入了美國，就沒有再回去墨西哥了。

卡西娜的手足很多，他們幾乎都在美國定居。至於她的手足們當初是怎麼進入美國的？卡西娜的說法是，美國和墨西哥的邊界很長，只要花一千元美金就可以偷渡進入美國了。卡西娜幽默的說：「美國現在所擁有的美墨邊界的土地，以前其實歸屬於墨西哥。在美墨戰役中，墨西哥戰敗了，才割讓土地給美國。」基於這個理由，卡西娜說：「與其說偷渡，不如說回家。」

我們兩人常談的議題是墨西哥和美國的教育差異。卡西娜告訴我，美國的學校教育不如墨西哥的學校教育。我的疑惑立刻升起：「那為什麼墨西哥人要偷渡到美國？要在美國生孩子傳下一代？」她的答覆是：「經濟，就是經濟不振。人要生存。」「學校教育好，經濟自然會強，國家也當然強。不是嗎？」我說。

後來，我在美國陸續認識來自不同國度的人，包括羅馬尼亞和肯亞來的同學，都自認自己母國的學校教育比美國好，而他們卻也各自為了不同的理由來到美國。

月亮，總是家鄉的圓。但這也可以回到柯文哲醫師的美國教授問他的話，改成：「如果你的國家教育那麼好，怎麼你的國家還不強？」

向他人請益，順便交友

有一位下午班的同學英從韓國排名第一的大學畢業，主修英文系。她年紀輕輕，就嫁給了一個大她十來歲的韓國移民。挺著大肚子的英來上課時，手裡總是帶著一本英文小說。

雖然大腹便便，每個週末，英和丈夫得開兩小時的車到亞特蘭大為公婆做三餐。英的公公是教會的牧師，依照韓國的男尊女卑文化，英得順從公婆的規定或需求，不得有異議。據她說，媳婦或女人在韓國的地位很低。因此，連英何時懷孕，都沒有自己的自由。

英很聰明。她告訴我，直接讀英文小說對提升英文能力最有幫助。認識英後，我跑圖書館更勤了。接著我發覺，我的記憶力又更好了。

還有一位好朋友是烏克蘭來的利蘭，她是運動選手出身，我們每次在一起就是到森林裡騎腳踏車。她第一次帶我去森林騎腳踏車時，我看到有的地方一邊高，一邊低，兩邊的高低相差很多，我很膽怯，怕自己連車帶人摔下去，可能粉身碎骨。

但看到她那麼的自在騎車，我也學她，拋棄自己的害怕。

那樣一次又一次的森林騎車，我更加認識她了。如果當初我婉拒在森林騎車冒險，可能就難以和利蘭深交。

我在美國大學交的朋友更多，大多數是我在數學系的同學，但也有其他課程的朋友，例如在心理學發展課程就交到兩位眼界寬廣的朋友，其中一個叫路斯，他曾到阿拉伯國家的醫院工作三年，負責照顧嬰兒。「阿拉伯人喜歡近親通婚，生下的嬰兒，有些有很嚴重的缺陷。」路斯說。

基本上，每修一堂課，我給自己的期許是，至少要在那一堂課交到一個好朋友。而在教職員方面，我也交了不少好朋友，包括家教們，他們對我的啟發和功課上的幫助是難以計量的，尤其是印度裔的那里妮，屢屢在我卡住時拉我一把。

老年要過得好，朋友絕對不可少。知心好友雖然不容易尋找，但只要開放自己，接受不一樣的人，就有機會交到好朋友。

二〇一三年的台灣行，我意外的學了氣功，也意外的在氣功團體交到不少好朋友，可以一起瘋、一起笑、一起歡樂，也一起在心靈上共同學習，豈不快哉！

培養興趣不嫌多

玩遊戲，讓腦袋靈活

興趣多，是活著有意思的一項證據。

我到茱蒂和德家作客，晚餐飯後，我們就大擺龍門陣，遊戲一個接著一個上場。茱蒂和德很擅長玩各式各樣的遊戲，他們家有許多遊戲器材，通常都花不了什麼錢，有各種牌可玩。他們教我遊戲規則以後，我很快就跟上了節奏。而這樣的飯後遊戲，一不小心就會玩過頭，直到深夜還不罷休。

那些遊戲有的是一個人的玩法，有的是兩個人的玩法，或多人玩法。這兩位朋友也愛樂器，他們家的地下室就是放置樂器的場所，也是兩人在家演奏的雙人音樂廳。我們也在地下室玩樂器。

德從很小就拉大提琴，也玩其他樂器。他的音樂天分很高，不像茱蒂得請家教，還學得很辛苦。不過，這兩個人都樂在其中，覺得音樂美化了他們的人生。週末時，兩人一起參加小鎮樂團的免費公演，讓來自各地的旅客一飽耳福，他們覺得那是退休生活的一種樂趣。

種植花草也是兩人共同的樂趣。院子裡所有的一草一木，都來自於兩人的巧手。他們的生活都與兩雙手有關係，都是靠兩雙手來完成，包括自己設計、畫建築草圖，到親手蓋房子。

其實，茱蒂和德兩人的學歷不高，一個高中畢業，一個高中輟學，兩人都不喜歡學校教育，但他們的創造力卻非常的活躍，就算退休進入老年的世界，也不覺老之將至，完全拜他們有很多興趣，以及知道怎麼玩所賜。

安妮塔喜歡文字猜謎，幾乎每天都要玩一下填字遊戲。從填字遊戲中，她常意外發覺一些填字遊戲公司沒有發現到的字。偶爾安妮塔也玩縱橫填字遊戲。「有時候一種遊戲玩太久會膩，要有多種遊戲交替著玩。」她說。

「填字遊戲讓我的腦袋瓜更犀利，不至於遇到關卡。」填字遊戲要動很多腦筋去思考，這是美國老人普遍喜歡的遊戲，也能降低老人得失憶症或失智症的機率。

「我的電視幾乎整天都開著。不為什麼，只是喜歡聽一些聲音，這樣就不覺得家裡太安靜。有時候我的電視開著，但我在玩填字遊戲，有時在閱讀報紙或書。看電視就像妳在大學上課一樣，我的看電視時間也有課程表，早上、下午和晚上，都有固定的時間。我喜歡看做菜節目、動物節目、脫口秀、運動、醫療節目……我看得很雜，有的純粹是消遣，有的是為了每天學習新知。」安妮塔列出很多節目來，對於不看電視的我來說，很教我刮目相看。

老年人喜歡把電視或音響開著，因為他們喜歡聽到一些聲音，這讓他們覺得舒服。不過，有時候，如果老人坐在電視機前不斷看電視，很容易落得被電視看的下場，若沒有適當調整，很容易失智。

我到猶太人社區中心打乒乓球時，意外發現，退休的猶太人還打麻將。而猶太人打的麻將和台灣、香港、新加坡及中國的都不同，他們打麻將只是玩玩，不會打上三天三夜，也不賭博。而且，他們打麻將還出了不少書哩！

潛能無限

珍喜歡積木。她有時會一個人花好幾天時間組合一件複雜的積木。她家裡有不少積木，可以重複的拼，這是很高的挑戰，很難厭倦。

潘喜歡做衣服，她把數學的一些概念套用在做衣服上。她不但為自己做衣服，也為媽媽做衣服或洋裝。雖然款式不新穎，但全來自於自己的想像和雙手，對白天做硬邦邦工程工作的潘來說，晚上和週末的軟性活動，具有平衡作用。

還有一些美國朋友喜歡下西洋棋。瑪格麗特在五十歲時開始學習彈琴，從豆芽菜開始。失眠的夜晚，戴上耳機，瑪格麗特練習彈琴練得很起勁。四十好幾的坦亞則學習拉大提琴，每天晚餐後，她很自律的坐下來拉大提琴一小時。

六十五歲時從國語日報社長職位退休的薇薇夫人，落實了少女時期背著畫架遊走天涯的夢想，退休後積極學畫、學攝影，並於二〇〇六年開了畫展，又出新書。

在《聯合報》寫了二十六年專欄，本名樂茝軍的薇薇夫人，經歷了中年喪子，晚年喪夫之痛，但個性樂觀堅強的她，一如她告訴讀者的：「別輕易停下腳步，別關上通往世界的門，走出屬於自己的人生」，她自己就是生命的實踐者。

「女人必須為自己擬一套不必離家的退休生活。尤其女性平均壽命比男性長，對未來的日子要及早規劃。」薇薇夫人在專欄寫作期間，對女性觀察入微，尤其是家庭主婦們在犧牲奉獻之後，沒有名也沒有錢，建議她們更需要好好規劃自己的晚年生涯。退休後積極的學習繪畫，從作家變成專業畫家，薇薇夫人已經成為作家們的退休模範。我的朋友，散文作家劉靜娟，則是在退休後發現了行天宮的新天地。「學畫、寫字，什麼都來。一個課學完了，再報名另一個課。有時候再折回上一些課程。」行天宮的退休課程開放給大眾學習，但名額有所限制，不讓同一個人繼續在一個領域裡重複修課，以防壟斷，斷掉其他想學這些課程的人的機會。

「以前在報社編副刊時沒有機會和家庭版的編輯袁言言當朋友，現在兩人都退休了，都在行天宮上課，不但成為同學，還成為朋友，真不錯！」劉靜娟認為退休的人，有不一樣的境界。

退休五年的林俊義則在「新頭殼」（www.newtalk.tw）寫生命的故事，每星期寫一篇。「真誠面對自己的生命歷練和過程，就說故事。」逛當地小農自己種菜的市場，和農人話家常，那種接近土地和人的感覺，也是林俊義退休後很大的喜樂。

有些人在退休後為了開創更多的興趣，挖掘出自己潛藏的潛能，如作家薇薇夫人變成畫家，成為兩棲專家。

田光復從台大數學系退休後，投入經史子集的原文閱讀，從中得到很大的收穫和智慧。田光復當學生時，就拒絕讀翻譯本，堅持從原文瞭解原文。以前的自我鍛鍊，讓他現在在閱讀原文經史子集時駕輕就熟，沒想到那樣的鍛鍊，讓退休後的生活豐富不少。另外，田光復也大玩特玩九宮格遊戲，他認為，玩九宮格可以降低老人失智症的發生機率。九宮格是一種數學遊戲，他常一個人玩九宮格，玩到深夜仍欲罷不能。九宮格遊戲界面是一個大大的格子，畫成等份的九個正方形，每一個正方形又細分為一個小九宮格。在每一個小九宮格中，分別填上一到九的數字，讓整個大的九宮格每一行每一列的數字，以及兩個主對角線的數字總和都相同。

鄭文嵐從校長職退休，迷上唱歌和騎鐵馬。騎鐵馬上山，探查、挑戰、記錄，全都一起來。這些是以前當校長時，很難魚與熊掌兼顧的平衡狀態。

興趣，能靜能動

嬰兒潮世代的美國人，在興趣上，比他們的父母更多元。例如麥克退休後迷上騎腳踏車，他從我居住的小鎮騎車到其他州，最遠從梅崗城騎到加拿大。他也曾到歐洲騎腳踏車半年。最近他才剛騎著五星旗腳踏車從喬治亞到波士頓，然後騎到美國首府華盛頓特區，再搭火車到亞特蘭大，從那兒騎腳踏車回梅崗城。

另外一位朋友魯道夫，他退休後每天和成群的朋友騎重型機車玩樂，看起來像在玩命，卻在騎車和社交之間連成一條線。由於科技進步，他一個人從喬治亞州騎摩托車到阿拉斯加時，還自拍上傳到臉書，讓一些沒能騎車去的朋友也可以一起分享，他和那群伙伴的友誼也更加堅固了。

金搬到摸頭海灘三年了，他和妻子在當地找到了工作。「我當夜間的安全人員，早上下了班就到海灘釣魚。搬來這裡的目的是學習退休，還有三年我就要退休了，現在天天學習釣魚，做退休的準備。」

梅崗城的華盛頓圖書館一樓是收藏家譜（Genealogy），每天有許多退休人士在那兒查詢資料，研究自己的家族，撰寫自己的家族史。他們比很多學生還認真，抱著厚厚的大書做研究，又從膠卷拷貝資料，埋頭寫稿。也有人在那兒研究城市史。雖然梅崗城人口才十萬，但曾是搖滾樂中心，又是建築博物館，因此，單就梅崗城為主題出版的專書，就有十幾本以上，而退休人士所做的貢獻是不可磨滅的。

安妮塔在撰寫自己的家族史前，還先撰寫父母兩方的家族史。這樣一路推算，就推回歐洲的祖先去了。一本家族史需用上數年研究撰寫，還得集中精神，是有效防止老年失智最經濟實惠的方法。反觀很多台灣人，在廳堂擺放祖先牌位，也到大陸尋根旅行，但退休後真正研究家族歷史的人有多少呢？

我在美國大學修「多元文化」課程時，教授出的功課，是要學生們研究自己是第幾代的美國人。我的同學們紛紛到族譜網站蒐集資料，研究自己的家族。本來以白人至上的驕傲同學，居然查出自己的曾祖母是郵購新娘，態度立刻變得謙卑；也有白人同學赫然發覺祖先是海盜，便開始以不同角度對待不同族群的人。

研究家族史，是退休人士可以考慮的方向。

興趣有時可以培養，有時則是在擴增朋友版圖時，自然而來，如同買一送三一樣，源源不絕。可以確定的是，興趣愈多，生活自然愈有趣；興趣愈多，交朋友愈容易。如果興趣貧乏，其實也不難交友，只要開放自己，並帶著謙卑的態度就行。

運用科技，讓晚年得心應手

臉書時代正式來臨

這是一個臉書（Facebook）的時代，一個人老後怕寂寞，只要設立自己的臉書，就可以把小學、國中、高中、大學、研究所，甚至童年鄰居，所有失聯已久的朋友統統找回來。一旦接上線，可以重聚或吹牛，不怕沒人回應。就算你不找人，人家也會把你挖出來。

有些人檢查臉書一如檢查信箱一樣，每天至少查一次。有些人甚至整天掛在臉書上，可以即時回覆訊息，比吃泡麵或即溶咖啡還快又簡單。上臉書網站，申請一個屬於自己的帳號，臉書就會主動透過你在電子信箱（E-mail）上的聯絡名單寄出邀請函，然後你的朋友就會進入你的臉書，和你取得聯繫。

社群網站選擇多

推特（Twitter）的功能和臉書差不多。部落格則可以寫文章，愛發表多少就發表多少；My Space、SMS（手機短訊），也有異曲同工之妙。

如果搬到中國養老定居，就設立微博吧。微博和臉書的功能一樣。

在台灣，一位企業家朋友游金松充滿自信的對我說，他和分布在各地的家人隨時都一線牽，是零距離。

我問他，怎麼一線牽法？「只要我讀到什麼好的文章，就立刻用智慧型手機Line給家人。我要做什麼，也隨時Line給家人。我要出國或回國，或出差開會，甚至開會的內容，都可以Line給家人，孩子們也都如此Line給父母。這是Line的家庭。」

我認識的一位電視名嘴，本身就是經紀人。他用WeChat和所有的演員、影劇圈朋友、導演聯絡，無論在台灣或中國，都WeChat來，WeChat去。所有複雜的討論或關係，不必見面，不必打電話，WeChat一下就解決了。沒有等待，沒有時差，又可以立即知道結果，效率非常的高。

「有時候十幾年不見的朋友，突然WeChat一句話來，熟識的感覺又回來了。」多方便，還不需要特地撥時間出來相聚。這年代連朋友都即溶，不知是幸或不幸。

我個人比較偏向和朋友相聚喝咖啡聊天和擁抱，喜歡實體勝於虛擬世界。不過，我也不否認，自己愛東奔西跑，多年來和朋友的聯繫其實常是透過網路來的，連打電話也是網路來網路去。

現在是地球村時代，家人和朋友可能分布在全球各個角落，相聚不易，要抽時間聊天更難，所以，科技在彼此中間架起一座橋梁。

還有Whatsapp，性質和前兩者相似。「就算你在天涯海角，朋友、家人，還是可以Line，可以WeChat，也可以Whatsapp。這是很便利的工具，促成零距離的時代。」使用的人無不如此推崇。

沒錯，我家要接待女兒在美國大學的學妹三星期，她在美國上機時， Line我的女兒一下，我們立刻掌握了最新狀況，免去了掛念和擔心。

「只要你有一支智慧型手機，可以上網，就能零距離，讓自己的生命無限大，而且無限的自由。」朋友們紛紛這樣說。

我不確定自己是否真的喜歡Whatsapp、Line，或WeChat那種像泡麵一樣，隨泡隨吃的即溶感情，但喜歡的人，何妨享用它?

朋友看到我使用的Nokia傳統手機，簡直笑歪了。她說她的手機屬於智慧型，可以Line，可以當相機拍照，也可以上網，但她讀高中的兒子用的手機比媽媽的更高階，笑媽媽用的不是智慧型手機，而是智障手機。「妳用的手機就是超智障的。」她笑得忍不住要瘋掉一樣。

學習科技，以自身需要為主

我不以為忤，因為我需要的不多，只要可以接聽來電、撥打電話，發短訊，就已足夠。太多的手機設計和功能，對我來說是多餘的，我更不需要隨時上網。更確切的說，我還刻意將上網的時間控制在最小的單位內，因為我不想要網路佔用我太多時間。換句話說，我不想被網路控制。因此，我連在美國也使用十元美金的智障手機，美國的家也沒有網路。

四十年前就寫過《科技文明的反省》一書的林俊義，覺得科技應為人文盡力，可惜科技現在變成即溶，少了人的感覺。「少了人文，就少了生命。」他說。

有不少的朋友對我訴苦，雖然有錢買智慧型手機，但只會用來打電話聽電話發簡訊，其他功能都不知該如何使用。

「我買智慧型手機，是為了要和孩子站在同一個時代上，讓孩子覺得和媽媽的距離近。」也是嬰兒潮的常玉慧說。

談到智慧型手機，從台大數學系退休的田光復教授說得頭頭是道，說他是朋友群中最高竿的智慧型手機使用者，連二十歲的年輕人也輸給他。

「智慧型手機真的很迷人，如果你會用的話。我可以花很多時間在上面，樂此不疲。」田光復甚至在和旅行團到義大利旅行時，一些團員都拜託他幫忙聯絡或翻譯。「你會英文，只要研究一下，就能把智慧型手機用到最極致的地步。」他說。

本身從事科技業幾十年的陳慶祥，雖然已經使用蘋果電腦很久，從第一代蘋果就上手，但是，對於科技，他覺得老年人不必搞得太複雜，不必被那些資訊所迷惑，或為了無從上手而苦惱。

「需要的不多，會上網收發電子郵件，會用Skype免費和在全世界的朋友或家人聊天通話，會Google，大致上就已經足夠所需。」陳慶祥覺得，人生可以簡單，就不必複雜，尤其是進入老年社會的人。

的確，Google實在太重要了。我們要查詢什麼資訊，Google一下，比自己到圖書館翻閱資訊更加快速和簡單。而用Skype聯絡朋友，既可以即時打字聊天，也可以互相免費通話，或者買Skype點數，打電話給那些沒有上網、沒有Skype的人。常玉慧連和在台南上大學的孩子通話，都捨手機而就Skype。我的Skype上有來自世界各國的朋友，只要彼此在線上，隨時可以聊天。而下載Skype簡單又免費，只要上了www.skype.com，再申請一個免費的帳號，就可以Skype來Skype去，甚至還可以裝上攝影機，與對方視訊通話。如果是與住在中國的朋友家人聯絡，QQ就更方便了。

視訊通話，打破藩籬

Skype還可以多方通話，既可開會，也可多個朋友一起聊天。例如老王、老張、老李、老林四個退休的九十歲朋友，分住在四個不同的地方，他們想念彼此，行動卻不太方便，若大家都有Skype，又架設照相機，那麼，四個人就算躺在床上，也可以一起聊天憶舊。

這對解除一個人老後的寂寞，有莫大的好處和幫助。

我在台灣或在美國時，也常用Google Talk和在台灣及美國的朋友通訊或通話，甚至用Google Talk打免費電話給住在美國和加拿大的朋友，打到他們的市內電話或手機，不論我們聊天多久，完全免費。同樣的，用Google Talk打電話前，也如同Skype，先上Google申請一個Gmail的電子信箱，再到打電話處下載檔案，就可以免費下載打電話了。

網路學習，拓寬視野

林芙聰的家裝設了MOD和寬頻網路，加起來每個月才四百多元台幣，就讓她可以從台灣看天下，如法國的路透社、美國的CNN，「有中文翻譯，只要打開電視頻道和MOD，就可以收看路透社新聞。台灣已經很小了，若不看路透社，不透過路透社來參與國際社會，久而久之就會缺乏國際視野。」她說。

不只這樣，林芙聰還充分的運用MOD上的帶狀英文教學節目，「我每天早上六點看電視學習英文一個小時，老師是美加的，長期下來，英文聽力能力增強，到外國自助旅行就更加得心應手，也更省錢。」

若覺得寂寞，沒事可做，或想要學習各種知識，就上YouTube（http://www.youtube.com/），那兒可以聽老歌、看節目，或者免費學英文、學數學，或者聽演講，例如很有口碑的世界級演講TED（Technology, Entertainment, Design）（http://www.ted.com/），在YouTube都可以觀賞。TED的口號是「ideas worth spreading」，意即「值得分享的點子或想法」。受邀在TED演講的人，都是各界的翹楚，可以擴大你的視野，走在時代的前端。想要減肥，或者有什麼疑難雜症，YouTube和Google一樣，都可以充分滿足你的需求。上YouTube網站，輸入你想聽的歌，不管是鳳飛飛或者鄧麗君的演唱會，愛聽多少就聽多少。

想要上網交異性朋友，網路更是天涯一線牽。配對網站Match（www.match.com）是其中的龍頭，老少咸宜。Tumblr（www.tumblr.com）也不遜色，一樣任君使用。

讓科技幫你做家事

擅長使用現代科技，例如免費通話的Skype或Google Talk，不但可以降低費用的支出，又方便，也縮短了與朋友的距離，甚至可以從中認識新朋友。或者透過這樣的科技，而與國際人士往來，學習英文或其他語言便利又免費。

電腦幾乎就是科技的代名詞。不論使用電腦或智慧型手機，在一個人老後，要和全球接軌，學習電腦和上網的必要性，是不容置疑的。這部分老年人比年輕人笨拙，吃虧很多，但這也是向年輕人學習的最好時機。年輕人是在手指時代出生長大，他們手指功夫比父母或長輩強得多，讓他們當我們的老師，彼此都開心。

這是十倍快速的時代，稍不留神，或稍微懶惰一下，就有被科技拋到後頭的危機。不過，科技也讓人的觀念轉變快速，隨時更新，還真容易忙翻了，也不至於有時間寂寞和嘆息。

大方嘗試新產品，給自己方便

同樣地，科技在家事上也有超凡的助益。如自動吸塵器，只要打開開關，自動吸塵器就可以將整個家的地板吸得乾乾淨淨，連起身都不必。

又如洗碗機，一個人吃飯，也可以不必洗碗筷。像安妮塔一樣，吃飽了，將所有的晚盤叉子，甚至鍋子、鏟子等全放入洗碗機。幾餐累積下來，只要放入洗潔精，再按下開關，碗盤就會洗乾淨而且自動烘乾，衛生得很。

我有一對將近八十歲的美國夫妻朋友瑪麗露和馬汀住在鄉下，與他們的馬場相鄰，並養了十七匹馬。他們會開半小時的車到小鎮書店買書。他們是大量閱讀的人，書店小，難以供應所需，後來就常上網買書，一個星期之內，書就會寄達家裡。另外，他們各自擁有一台亞馬遜網路書店出品的閱讀機Kindle，若上網買電子版的書，幾秒鐘之內，電子書就進入閱讀機，可以立刻閱讀。夫妻兩人愛讀的書不同，但也會交換閱讀。

美國的電子閱讀機，除了亞馬遜網路書店的Kindle，還有連鎖書店Barnes & Noble的Nook可選擇。價錢最便宜的只要美金六十九元（折合台幣兩千零七十元）。電子閱讀機很方便，而且可儲存的書很多，就像一個個人的圖書館，對老年人而言，不必背著沉重的書出門，不啻是老年閱讀的偉大推手。

即便住在小地方，無國界的網路時代，仍為老人的舒適生活創造了更大的空間和機會。

體貼自己，更健康

我在拜訪或借宿別人家時，要告辭之前，都會主動清掃房子和浴室，不為主人增加因我而帶來的打掃工作。

不過，在安妮塔家，當我要清洗浴室和浴缸，問她我可以用哪種工具清洗時，安妮塔回答我：「妳不必洗，只要按下開關，浴缸就會自動清洗得乾乾淨淨。」

我問她怎麼按，原來，在蓮蓬頭的區塊，安妮塔掛了一罐從超市買來的浴室清洗劑。妙就妙在清洗劑上有一個開關設計，只要按下開關，並將浴簾拉上，幾分鐘後，浴缸和牆壁都自動清洗乾淨了。

「這是很體貼老人的物品，很好用，不然老人家為了做一些家裡的清潔，可能受傷，或者太累，划不來。摔傷是老人最大的致命傷，能不受傷是最好的。」安妮塔對我說。

同樣地，衣服髒了，放到洗衣機洗好後，取出，再放入烘乾機烘乾。安妮塔也認為這是對老人很不錯的方式。「用陽光曬衣服很經濟，聞起來很香，穿起來更舒服。但是我已經老了，我想讓自己舒服和安全，所以選擇烘乾機。雖然我得為此多支付一些電費，但總比支付醫藥費和徒增的疼痛好。」

中央空調上的使用，安妮塔也很贊成。老人的身體在適應自然氣候變化上的能力降低了，當氣候巨變時，常常可能因此生病或驟逝。「尤其是冬天，冷鋒或是寒流來襲，老人的身體承受不住，便可能心臟衰竭或中風。」空調和電力的費用加起來，像安妮塔這樣的家，一個月大約一百美金左右，卻對老人健康有絕對的幫助。

對老人而言，有些錢是省不得的。有時候省了小錢，反倒花大錢。還可能因此失去生命，何苦來哉？

烤箱不只可以用來烤麵包、蛋糕、魚、海產或肉，其實要滷肉和蔬菜也很便利。烤肉時，還可以將一些蔬菜類放進烤箱一起烤，例如洋蔥、番薯、馬鈴薯等根莖類食物，只要花一次工夫，所有的食物就可同時完成。

從科技、空調冷暖氣、冷凍食物、住宅品質、無障礙空間設計，和開車等層面來看，我一直認為美國是老人的天堂。只要不虐待自己，在美國養老，其實很容易。

這是一個容易被隔離的時代，但也容易和國際同步，如果善用科技和網路的話，真的可以做到全球零時差。

一個人如何做飯？

台灣人「老外」很多，我指的是每天在外進餐的人。有的人覺得一個人獨居，怎麼做菜煮飯？三菜一湯，搞下來精疲力竭，而且，也吃不了那麼多，太麻煩了。

我的飲食很簡單，有時候一條大番薯放到大同電鍋蒸二十分鐘、或微波爐微個五分鐘，配上一杯咖啡或一杯奶茶，加上一些水果，就是我的一餐。一個人吃飯，可以極簡也可以極繁。

我的公寓有一個很大的陽台。陽台外綠意盎然，大樹環繞，還可眺望街道上的車輛和紅綠燈。有時候我一個人在陽台野餐，坐在那兒，望著小鳥在覓食，看著樹上的果子隨風飄落，那就是我的幸福。

一個人吃飯，最自在是在於順應個人風格。隨著個人的喜好，愛怎麼吃就怎麼吃，是完全的自由。

一個人吃飯，得心應手

林俊義一個人居住。退休後，他花時間在逛市場買菜，做菜。林俊義很會做菜，還講究器皿。每道菜該如何烹飪，用什麼器皿盛裝，都在考慮之內。他把生活的一切當成藝術，慢慢品嘗享受。他將一個人老後的飲食，從蔬果社區化，經過自己用心調理後，變成世界級的飲食。簡樸的生活，世界級的品質享受。

我的朋友潘，絕對是熟女。將近五十歲的她，幾乎不外食，完全是自己做菜。她的家，咖啡機是一人或兩人用的小型咖啡機，和我的咖啡機一樣大小。要喝一杯咖啡，就煮一杯咖啡。要喝兩杯咖啡，容量剛剛好。我不只用咖啡機煮咖啡，還用咖啡機泡茶，而且可持續保溫。冬天時，我的咖啡機就變成熱水機，喝熱水時，只要放水進去，就有熱騰騰的水可以喝。

我還有一個十人份的大同電鍋，煮飯做菜都很方便。我一次煮幾天份的飯，放到冰箱冷藏或冷凍，每次取一餐的量出來加熱。或者，當我在大學上課時，我就分裝了一整個星期的便當。

身為工程師的潘，做事情井井有條。她的冰箱既整潔又乾淨，很有工程師的風格。她用盒子盛裝所有的食物，再將盒子排好。

美國人一般不會將盤子或鍋子放到冰箱去。吃剩的菜，他們會用盒子裝起來，才放到冰箱。喝不完的湯也一樣做法。這樣冰箱不但乾淨，又方便整理，而且一目了然，不需要耗費時間找食物。

善待自己，從每一餐開始

潘一星期買一次菜，她的收入不錯，在飲食方面，如果可能，她以有機新鮮的食物為主。很多時候，她是到當地的菜農市場購買新鮮的蔬果。其他的食物，就從超市採購。因為一個人獨居，也一個人吃飯，因此，潘買的食物很多元化，也很國際化。她甚至有一個儲藏室，專門存放各種乾貨。

星期一到星期五，是潘上班的日子。星期日是潘做星期便當的時間。她的便當很「色」，因為食物很多元。午餐的便當和晚餐的食物不一定相同，盡可能求變化。她將做好的飯菜，用便當盒裝好，放到冰箱的冷藏或冷凍。每天早上要去工作時，她就帶一個便當到公司去。

愛做菜的潘，有一大堆食譜書。雖然只有一個人過活，潘做的菜毫不含糊，甚至比很多四人家庭還更出色好吃。她會為自己用烤箱烤不一樣的甜點，讓她的日子過得多采多姿，連食物都不放過。

潘的碗盤有大有小，主要是潘喜歡創造屬於自己的傳統文化，她喜歡在節慶時做很傳統的美國南方菜，邀請熟識的朋友和父母共餐。例如感恩節和聖誕節，潘樂意花兩三天的時間準備豐盛的食物，就喜歡看到家裡有些客人和她一起度過節慶。

美國感恩節和聖誕節的食物很多，猶如台灣的農曆過年。一人獨居，潘既享受一個人的多元飲食，同時也樂於分享豐富的慶典食物。這和一些獨居的人思考不同，那些人可能寧可上餐館解決或者到別人家歡度，反正只有一個人，一個碗，一雙筷子而已。

同樣是一個人獨居，潘為自己做的菜比四人家庭還豐盛。一個人，可以是皇帝，也可以是販夫走卒，就看自己如何定義自己，如何看待自己的生命。

如果喜歡做菜，就好好享受做菜，不必受限於一人的思考。

轉個彎，生活更簡單

傳統的中國菜很麻煩，做菜的時間多，而且，可能一道菜就只有一樣菜，如炒空心菜、炒茄子……我在美國的中餐館學到一道菜可以丟入七、八種菜混煮，這樣很適合一個人吃飯、又符合每日五蔬果的營養需求。

安妮塔獨居十幾年了。她也是愛做菜的人。雖然只有一個人，她卻有一個大冰箱、兩個冰庫，還有一個食物儲藏間。我常笑她，就算颱風來一整個月，食物也不虞匱乏。

美式生活比我們簡單，安妮塔早上起床，通常是為自己煮一壺咖啡，邊喝咖啡邊讀報紙。咖啡喝完了，安妮塔給自己做早餐。美式的早餐很簡單，培根或香腸下去煎，起鍋後，用鍋裡的油炒蛋。吃早餐時，有麵包和其他自製的果醬搭配。飲料則是自製的冰甜茶。

安妮塔的早餐很有變化，有時候是南方的小米粥或是薄煎餅（Pancake）或是比司吉（Biscuit），加上其他的配菜。

她的午餐更簡單，通常是三明治，一如多數的美國人。晚餐比較豐富，但她也不是每天晚上做菜，而是幾天做一次。

非常注重健康的常玉慧則認為全食最佳，如吃葡萄時，連皮和種子一起吃，營養更好。

害怕一個人獨居？

育兒經，東西差異大

嬰兒出生了，長輩交代，要和孩子睡一起，這樣餵奶和換尿布都便利。萬一孩子啼哭、生病，也可以即時照顧。這一睡，可能睡到五、六歲，甚至七、八歲都有。後來，要孩子一個人睡，說不敢，怕一個人睡覺、怕黑。夫妻生活，自然因為小孩來到而被犧牲，有也要偷偷摸摸，像是做壞事一樣，速戰速決，因為孩子睡在父母之間。在這種情況下，甭談品質了。

然後，父母忙著賺錢，忙著工作，小孩子到安親班或補習班度過他們大部分的時間，晚餐是在外面胡亂吃的。接著，父母向孩子索分數，索養育栽培的恩惠人情。父母用辛苦工作來提供金錢給孩子，證實對孩子的愛，中間的情感是斷裂的。

西方的孩子是一出娘胎，就一個人睡覺，睡在自己的房間，連孤獨都自在。西方的父母在孩子床前說故事，幫助孩子舒適安穩的進入夢鄉，這是文化。孩子也怕黑，父母利用說故事和房間布置及燈光設計，幫助孩子驅除不安的情緒。

然後，他們的父母花很多時間陪孩子成長，一起到野外探險，一起露營，一起在社區做義工。晚餐桌上，父母孩子聊天，從小聊到大。父母教孩子做家事、烹飪及生活技能，包括開車，中間的情感是連結的。父母真的是孩子的第一個老師。

長大後，這兩個群體不一樣。一個是依賴，一個是獨立。而這兩個字，其實也沒差多少，在英文中，拼字幾乎一樣（dependent, independent），只是後者前面加上in-而已。再者，前者父母叮嚀，不要走遠，太危險；後者一個人背著背包，海角天涯的闖蕩，父母不說擔心兩個字，卻是祝福。

所以，後者一個人生活，沒問題，還說享受自在。前者覺得一個人過日子太可憐，始終沒斷奶，這是後遺症。

東方屬於群體文化，和西方的獨立文化不同。因此，從小就在群體中生存，學會看家人臉色，看長輩臉色，看老師臉色，看長官臉色，接著又看配偶的臉色，老來時則看孩子的臉色。一輩子都在人家的臉色下過活，不容易。同時，也被灌輸「在家靠父母，出外靠朋友」的觀念，就是依賴。

在這樣的環境下成長，不敢一個人到電影院看電影，不敢一個人去爬山，不敢一個人去上廁所，不敢一個人過夜，不敢一個人旅行。這麼多的「一個人不敢」，不知不覺內化成很多人的性格和文化。

既然如此，看電影要相邀朋友，連上洗手間都不例外。對西方人而言很隱私的洗手間，我們可以結伴歡歡喜喜的聊天去，聊天回，變成特殊的文化。

獨居與否，性別有落差

根據美國人口統計局的人口調查（the Census Bureau's Current Population Survey, CPS），二〇〇二年時，六十五歲以上的人，有72.6%的男人與配偶一起居住，但只有41.3%的女人與配偶共居。七十五到八十四歲的人，有76.7%的男人與配偶一起生活，只有52.9%的女人與配偶共居。八十五歲以上的人，有67.1%的男人與配偶同居，只有28.8%的女人和配偶一起居住。

這樣的情形，除了女人比男人長壽，還有女人通常與比她們年紀大的男人結婚，以及在配偶辭世後，女人較少再婚。因此，年紀愈大的男人和女人，同時都是一個人老後，不只是女人而已。隨著年紀的增加，一個人獨居的機率就更高。

有趣的是，這項調查同時發現，有18%的人和親戚一起居住，而其中有15%是女人。主要是女人的功能多，如協助子女或親戚照顧孫子女，或做三餐，或打掃房子整理院子，讓年輕人下班回家就有晚餐可吃。

在二〇〇二年時，美國六十五歲以上的女人有41%和配偶居住在一起，40%獨居，19%和其他人共居；其中有41%的家庭有十八歲以上的孩子，這表示這些共居的女人提供了照顧孫子女的服務，其他也可能包括家務服務。同時期，美國六十五歲以上的男人有73%和配偶住，17%的男人獨居，只有10%與其他人共居。

信不信由你，美國的街友很難看到老年人。成為街友，可能連帶其他的社會福利、社安基金、Medicare保險及住屋供應，都被挖走了，難怪少有老人街友出現。

一個人的生活成本

一個人獨居，生活成本比兩個人或四個人共居還高昂。例如，一個人居住不可能買三條苦瓜五十元，否則，天天吃到苦瓜臉，得不償失。買小包裝的產品，價錢也比大包裝昂貴。租房子，一個人住和兩個人住，價錢不一樣。一個人買一間房子，和兩個人一起買一間房子，成本落差很大。

別說什麼買二送一很高興。一個人吃一個、再一起共吃第三個，很麻吉，有青梅竹馬的感覺，很快樂；但如果只有一個人，買一送一，連續一個人吃兩份同樣的食物，那是倒胃口。

住在有管理員的大廈，管理費是一個人支付或兩個人分攤，價錢差更多。

這樣看來，一個人老後的成本似乎很高。但同時別忽略了，那背後隱藏的自由無價，是無法用金錢來衡量的。假設明明你是早起的鳥兒，作息是日出而做，日落而息，一個人住很太平、很和諧、很健康；但若還有兩個人和你住在一起，而且睡到中午還不起床，你打個電話，他們就埋怨你太吵，你就會生氣，都中午十二點，還早什麼早？

於是，你一整天的心情全損龜了。這樣，還優雅得起來嗎？連喝咖啡的心情都侷促不安，想優雅的老，門都沒有。

沒錯，大樓管理費是分成三等份的，但心情被拆的不只是三等份而已，整個人連本帶利，全被掏光了。

這就是為什麼美國大學的宿舍，單人房比雙人房的價錢貴很多，單人房總是要排隊等候。看得見的價錢，不一定看得見成本。有形的價錢和無形的成本，往往不能做邏輯的比較。

換個想法，寂寞變自由

你問我，為什麼要一個人自助旅行？不寂寞嗎？不危險嗎？價錢不是比旅行團貴嗎？我的答覆很簡單，一個人自助旅行很自由，愛走東就走東，愛走西就走西。不想走，躺在廣場睡個午覺，也不得罪人。人生那麼短，幹嘛老是為別人而活？我可沒耐性等著人家在皇宮畫圖，說機會難逢。價錢是自由換來的，我的時間不需要被控制，我不需要等一群唧唧喳喳，興高采烈撿到便宜的人，我也不需要連吃一頓飯都要和人家斡旋交際！時間是我自己的，不需商量，多好。

寂寞嗎？怎會，天空多美，鳥兒展翅多帥，手裡的書多吸引我，還有路過的陌生人可以天南地北的聊天。一個人，腦袋瓜思緒波濤洶湧，一個靈感出現了，下一篇文章或下一本書就誕生了。也或許，寂寞時我剛好睡著了。

而說到危險，如果一個人自助旅行會危險，那麼，兩個人或十個人一起旅行，也一樣會危險。你看過戰爭是只有一個人的嗎？很多時候，危險是自己幻想來的！

想一個人老後，要先做心理建設，把一些陳腐的觀念一一清除，就像自助旅行一樣，想清楚了，才踏出那一步。

要和孩子一起居住嗎？

養兒防老，恐成啃老

我的英文老師布朗太太是很友善禮貌的美國南方人，在路易斯安那州的首府紐奧良出生長大。她比我稍長幾歲，身材瘦削，笑起來很有英國戴安娜王妃的神韻。布朗太太在就讀大學二年級時，和同年紀的丈夫結婚，婚後兩人的第一個愛情結晶很快就來報到，但夫妻兩人還是將大學學業完成了。

布朗太太和丈夫共育有二子，皆已成年，其中的一個兒子大學畢業後在家鄉找到工作，布朗太太喜歡兒子住在家裡。她和丈夫的家有四個房間，同住，兒子既可省房租，家人又可以天天相見。她認為這是合情合理，也兩全其美的想法和作法，但布朗先生不同意。

布朗先生拒絕兒子住在家裡的理由是，兒子已經成年了，他應該在外賃屋居住。「支付房租，就是認識生活成本和生命成本的一個必然過程，也是一個成人為自己應負的責任。這種錢不能省。省了小錢，將來要付大錢，兒子將缺乏獨立的精神與能力，當然也剝奪了他求生的能力。我們不只不要養會依靠父母的兒子，也不能眼睜睜的看兒子毀在我們不清不楚的觀念裡。」

當他們的小兒子約翰從空軍的職業軍人退伍後，申請到大學就讀，也同時做一份大樓管理員的安全警衛工作。這樣既可以讀書，又可以賺錢。就在就讀大學期間，約翰和女友踏入婚姻殿堂，很快地，第一個孩子出生了。

後來兒子轉學到離父母小鎮不遠的大學，當然也因搬遷而失去原來的工作，沒有收入。年輕夫婦都失業，又有小嬰兒，就商討父母借他們這個小家庭暫時居住。

在那段與兒子的家庭共居的期間，布朗夫婦每天忙著享受照顧小約翰的時光，欣喜看著小約翰一寸寸長大。旋即，約翰和太太的婚姻起了變化，太太堅持離去。小嬰兒的監護權屬於雙方共管，因此，小約翰每星期有幾天住在爺爺奶奶的家。

布朗夫婦在孩子有危機時伸出援手。不過當然，孩子不能久留。

布朗先生的想法和多數的美國人相同，長大，就要獨立。住在一起，看起來省錢省事，實則相反。兒子可能在家養成茶來伸手，飯來張口的壞習慣，甚至結婚以後，一個負擔變成兩個負擔，那樣一來，布朗太太可能變成兒子和媳婦的無償傭人，剝奪了媽媽的自由與夫妻的清靜生活。

獨立是西方的核心精神，更是美國的建國精神基礎。另一方面，獨立等於吃苦，沒有吃苦的人很難培養獨立的能力。獨立也有代價，省了這種錢，也許兒子將來不只不獨立，可能還啃老，而且是據理力爭的啃。

責任，不是不快樂的藉口

莎拉的情況不一樣。有一天晚上，莎拉開車回家的途中被一輛車尾隨到家，說她開車的速度太慢，波及到其他駕駛人的行車安全。

第二天，莎拉的駕照被剝奪了。沒有駕照，即便莎拉已經開車一輩子，她還是沒有資格開車。不能開車，在美國等於沒有腳，寸步難行。莎拉的女兒蘇珊知道了媽媽的情況，八十七歲的媽媽不能再開車，這件事情非常重要。她立刻辭去亞特蘭大的工作，搬到媽媽的小鎮，也就是蘇珊童年出生成長的地方，與媽媽共同居住。

首先，蘇珊嫌媽媽的房子太大，不好整理，又年久失修，要花大錢整修，不如賣掉大房子，改買位於湖畔漂亮的小房子。

於是，莎拉被迫離開她住了一輩子的家，也告別了幾十年的鄰居和教友。

接下來，蘇珊給媽媽買了許多新衣服，要媽媽改穿新衣服，說這樣出門才好看，才不會被人家誤以為女兒沒有照顧好媽媽。

看著那一堆掛著的新衣，莎拉很不開心。她過慣樸素的生活，也喜歡簡單的穿著。衣服雖舊，卻讓她感覺舒服。如今，女兒要她穿上新衣服，莎拉百般不願意。

然後蘇珊不准媽媽再下廚做菜。她認為媽媽老了，做菜太危險，有可能忘記關火，把廚房燒掉。可是，對愛做菜、也做了一輩子菜的莎拉，卻是相當的折磨。不能下廚，自己好像變成一無所用的人。女兒從不下廚，因此，莎拉想吃自己愛吃的食物也沒轍，只能跟著女兒到餐館用餐。

莎拉是走過美國經濟大蕭條年代的人，向來過著儉約日子，也遵行簡單樸素的價值。如今，為了三餐，她得到餐館點餐，等候，吃完才回家。

不只這樣，外食的時候，難免會碰到老朋友。每次莎拉在和老朋友談話時，蘇珊會主動將媽媽說的話詮釋一遍，讓媽媽的朋友更瞭解她的意思，就算對方聽懂媽媽的意思，蘇珊仍堅持做翻譯的橋梁工作。這讓莎拉不舒服，好像她已經老到連說話都不清楚。而且，當莎拉和朋友說話時，蘇珊會插嘴干預，有時甚至當著朋友的面對媽媽說：「媽媽妳不該這樣說，媽媽妳應該那樣說。」

更慘的是，莎拉有醫生預約時，就算蘇珊不能陪同前去，也要千叮嚀萬囑咐媽媽該如何對醫生說話。

星期天是莎拉上教堂的時間，那是她搬家後唯一快樂的時光，因為她可以見到一輩子一起上教會的老朋友。可是，對蘇珊來說，上媽媽的教堂讓她很不舒服。雖然媽媽的教會是蘇珊童年的教會，但她已經長大，而且六十歲了，那些看著她出生，也看著她長大的人，卻仍然視蘇珊為小朋友，這讓蘇珊很不舒服。況且，媽媽的教會幾乎都是老人，沒有和她同年紀的人，加上蘇珊的同學和朋友長大後都已經離開小鎮、另起爐灶，使得她和媽媽共住時，覺得自己的生命被綁住了。

原來兩個分別住在不同城市的女人，過著自己快樂的日子，如今，老媽媽和老女兒兩個人住在一起，卻彼此都不快樂。

莎拉覺得自己的主體性不見了。她的獨立人格也被剝奪了。蘇珊覺得照顧媽媽真辛苦，自己又寂寞沒有朋友，還有搬來與媽媽同住，當然也辭掉原來的工作了。

沒有工作，就沒有收入。蘇珊的成就感消失了。兩個女人互相乾瞪眼，都希望彼此不要天天相見。一年後，莎拉才過八十八歲生日，就帶著鬱鬱寡歡的心情走完一生。蘇珊仍然住在媽媽的小鎮，雖回到學校上課，卻還是感覺生命失落了。她抱怨原來收入那麼好的工作，再也找不回來了。畢竟那是她工作三十年的地方，六十歲的蘇珊，要去哪兒再找到那樣豐厚的收入呢？

一個人老後本來很快樂，在女兒搬入一起住後，兩人的世界，卻充滿干預、過度關懷與操縱。莎拉的朋友們認為，就是與女兒同住，莎拉才提前離開這個世界。

我曾問莎拉，她和女兒之間，究竟誰是媽媽，誰是女兒。莎拉沉默一下，怯懦的指著女兒說：「她是媽媽，我是女兒。」蘇珊當下卻反駁說，媽媽就像十七歲任性的少年人，叛逆，難以理解。我認識莎拉，也認識蘇珊。兩個好人，善良的好人，卻因同住和照顧，落得雙輸的下場。

安妮塔年紀和莎拉接近，她的大媳婦貝蒂和我有不錯的友誼關係。貝蒂曾告訴我，早就為安妮塔安置一個房間，只要她願意，隨時可以搬進來與他們夫妻同住。為此，我曾問安妮塔，將來願意搬去與兒子媳婦一起住嗎？她說，不！各住各的，各自有自己的完全自由。自由是老人的崇高價值，她捍衛自己的自由的同時，也在維護兒子和媳婦的自由。

看到莎拉的晚年下場，我心有戚戚焉，希望將來一個人老後時，不要被子女當成小朋友對待，我無法承受被管、被唸、被操縱。阿們！

虐待老人，以家人為首

美國國家長者虐待中心NCEA（The National Center on Elder Abuse）報告，主要虐待老人的是他們的家庭成員（90%），包括成年子女、配偶或同居人及其他。虐待老人的家人，以吸毒、酗酒人中有精神疾病者和操勞的照顧者為主（不是照顧者的話，虐待老人機率會比較低）。虐待老人的情況，包括家人沒有察覺到那樣的動作或態度是虐待，與未警覺或未經訓練都有關。被家人虐待的美國老人通常不會報警，除了怕被報復外，也是不想要家人惹上官司的麻煩。

我的一位九十歲美國朋友最近賣掉自己名下的一幢房子，她的成年女兒雖然是高收入者，卻硬要分杯羹。說穿了，就是勒索。

美國的老人獨居，是他們喜歡自己住，就像安妮塔一樣，要有絕對的個人自由。莎拉也不樂意與女兒同住，只是女兒自認有義務要與媽媽同住和照顧媽媽，以為不這樣做會被人家說話，會良心不安。同樣地，美國的成年人，大多數也不喜歡與父母同住。理由和安妮塔一樣，保有雙方自由，偶爾互相拜訪，關係更好。

好玩的是，根據美國的研究，收入愈高的老人，愈不願意與成年孩子同住。他們還希望離成年孩子愈遠愈好。

我媽媽如今已經獨居七年了。老伴走後，她最想和兒子的家庭同住，但是在自己的家當王習慣了，個性缺乏彈性的她，覺得那是作客，有如魚，三天後就會臭。

自己一個人住時，我媽媽不懂安排自己的生活，也不識字，又沒有什麼興趣，天天擔心萬一掛了，沒有人發覺。到兒子家，除了無事可做，還覺得是看兒媳臉色，好像突然變成小媳婦、或被關在籠子裡又失去自己的聲音那麼可憐；而且，她又怕迷路，走不出去。像我媽媽這樣的長者，在台灣到處都是。也許，我的媽媽有憂鬱症傾向。阿彌陀佛，善哉善哉！

向養老院報到

我在美國大學就讀，我的獎學金中，有一份獎學金的提供者是一位九十五歲、終身未婚，也沒有孩子的凱薩琳女士。她將自己的錢委託非營利組織處理，自己則住在小鎮的養老院裡過晚年。

養老院坐落於城外購物中心的後面，裡面的老人很多。每一個老人住一間房，包括一個客廳、衛浴，和一個睡覺的房間，像是五星級的旅館。這是養老院基本的設備，有如在自己的家一樣舒適自在。若有訪客來，是到她的客廳去，因此她仍保有自己的隱私。

我去拜訪她時，她的情況看起來不錯，雖坐在輪椅上，但生活可以自理，還談笑風生。養老院有固定的作息時間，也一起用餐。老人們嘻嘻哈哈的，其實也挺溫馨。

入住養老院，成為高級選擇

應書填在老伴過世後，雖然才八十幾歲，身體還很健朗，但他決定搬入上海的養老院。如今，應書填已經九十幾歲了，還是覺得養老院是很棒的晚年之家。

在養老院裡，應書填認識了很多人，也參與不少活動，其中，學書法最讓他樂此不疲，他還寫了很多的書法送人。應書填住養老院的費用每個月八千元人民幣，是自己支付的，他是很獨立的人，安排自己的財務很有一手。他對於晚年有自己的堅持，子孫定期到養老院探望他，他很開心。在養老院裡，他還交了一個年紀接近，住在隔壁房的女友。

另外一個朋友，他的爸爸也是九十幾歲了，就住在長庚林口的養生村，養老院的費用由幾個兒子均分。平時，他們定期在晚上和爸爸通電話，偶爾接爸爸到外面餐館用餐聊天，老爸爸在養生村過得也不錯。

有一位朋友的媽媽，則是住在台北高級住宅地區的一間養老院中。養老院每個月的費用是四萬元台幣，由媽媽自己的存款支付。據她說，養老院為了讓老人安靜睡覺不吵到其他人，做法是晚餐前每個老人都先餵食安眠藥。「這是送進去養老院前就簽的契約，若子女不從，養老院就不收人。」

會將父母送入該養老院，據朋友說，都是很有錢的人家。養老院的收費分成兩種，四萬元的，每天有專人給予洗澡。若尿濕褲子或大便在褲子裡，隨按鈴隨清理。兩萬八千元的，每星期洗澡兩次，若有狀況發生，處理的速度比較慢。

放手，海闊天空

我的姨丈說：「為什麼要怕老？若老了，生病了，可以聘請外勞照顧，這樣又有伴，也不錯。或者往養老院住去，也是一個解決的好方法。只要老人有錢，什麼都好解決。」我的姨丈認為以前的人老了，只能依靠子孫，沒有其他選擇，所以才把親人的關係搞得那麼複雜。

「就是一個觀念。觀念通了，問題解決一大半。」七十一歲的姨丈對我這麼說。

可是，我的媽媽就放話，說她不論在什麼狀況下，絕不到養老院去。像我媽媽這樣沒有彈性或害怕養老院的人也不少。但也無須擔心，台灣申請外勞很方便，問題也不難解決。排斥養老院，可能是因為聽到太多養老院的負面新聞或訛傳所致。

「我要在自己的家老去。」是很多老人的想法，我的媽媽也不例外。就如安妮塔，也堅持不到養老院去。

但萬一時間到了，還是可以改變想法，讓自己好過，也讓子女好過，不必浪費力氣抗拒無法抗拒的事實。

終身學習，學習終身

You are never too old to learn.

這是一個瞬息萬變的時代，也是一個充滿機會的時代，只要願意，到處都可以學習。

美國人說：「You are never too old to learn.」意思是，在學習的路上，永遠都不嫌遲。所以，在美國的大學，像我這樣的年紀當全修生（Full time）的學生，比比皆是。全修生每學期至少要修十二個學分。美國大學生修的學分與台灣大學生有很大的不同，在台灣，大學生一學期修二十幾個學分的人很多，但在美國，那是不可能的。美國的教授幾乎都給學生很多功課，有很多書要讀，還有很多考試，十二個學分就已經足夠把一個人所有的時間全部消耗光了。因此，幾乎所有大學都規定最高學分以十八學分為限，要修超過十八個學分的大學生還得特別向校方提出申請，經過學校評估該學生的學習能力和承受壓力的能力足夠，才准許加修課程。

當然，也有全職工作者下班後回到大學上課，學習第二專長；其中，首次進入大學，成為大學生的人更多。他們往往一學期修一門或兩門課。

學習，是最好的養生

和十八歲或二十歲的學生一起上課，一起學習，也一起玩樂，是我這幾年在美國的生活經驗。

我從數學白癡變成數學系的學生，每天和數學交戰，也每天在挑戰自己的能耐。我從來沒有想過自己會讀數學系，也沒想過有一天會修人人避之唯恐不及的微積分，而且一修就修了三個微積分課程。後來數學課程愈修愈多，從1000等級到2000等級，接著是3000等級，然後是4000最高等級的數學。

此時，再回頭看微積分，才發現原來微積分在數學專業裡，還是1000至2000等級的低階數學。

那些研讀數學的歲月，繞著基礎線性代數和高級線性代數課程，在三維空間打轉。數理統計是4000等級的課程，我一修就修了兩個，也是繞著高等微積分在解決那些三維的課題。我在統計數理課I的第一次月考交出考卷時，忍不住當場就放聲哭了起來，嚇壞我的教授。我被那些理論綁架，而且教授的出題方式是連續題，也就是如果第一題不會做，第二題以後的題目全部摃龜；第三題不會做，第四題以後全部摃龜，依此類推。可以想像，那是多麼恐怖的考題方式。

有了那學期的慘痛經驗，下學期我修統計數理II時，碰到困難就上網尋求幫忙。東走西逛時，逛到一個台灣人林志哲的部落格，他是美國的統計博士，還在美國大學教過書，當時他在某個公司工作。我在空中和他對談數理統計，他也透過電子郵件的方式為我義務家教了一整個學期。

有一次他回台灣度假，再回美國時，他在E-mail中說：「我有好幾個朋友都是妳的粉絲。這世界真小。」他也曾在我沮喪時曉我大義，說統計本身就像謎團，有時連統計博士也會被卡住。

而數論帶給我的樂趣，真是無與倫比；但圖論就把我搞得悽慘兮兮。看到同學被圖論教授當掉，我採取了自以為聰明的做法，旁聽兩學期圖論後，才敢修那門課。結果呢？還是難。多難呢？唉！別提了。那是我打算進入老年沒事幹時，要重新做的功課，每天要來畫圖，再寫那些證明。

所以，你問我，這等年紀去念數學系幹什麼？我的答覆是，老年時解寂寞用，用來訓練腦袋瓜，以避免老年失智症的發生。而且，萬一老年沒事幹時，可以把做數學題目當遊戲玩。如果你知道阿茲海默症患者的家庭需要為一個失智症家人付出多少的金錢、精神，與人力後，就能體會到我讀數學系是多麼划算的老年投資。

如果政府懂得成本，會計算阿茲海默症的代價，也應該會樂於為中老年人提供上大學的獎學金，這就好比政府辦學校比蓋監獄成本還低很多，是一樣的道理。

如果申請得到獎學金，當然義無反顧的去美國上大學。即使找不到資助的獎學金，我很異想天開的認為，把房子拿去抵押貸款讀大學，也都值得。

學習方式不設限

話說回來，其實老年學習不一定要花大錢，也不一定要傾其所有，甚至還可以不花一毛錢，就學得十分盡興，氣質還無限上升，自然升等到「優雅的老」。

散文作家劉靜娟退休後在行天宮上課多年了，在那兒，她不只學習，還交了新朋友。她每學期都規規矩矩的當學生，必上的幾堂課有書法和繪畫，書法中的行書、草書、隸書……繪畫中的國畫、工筆畫、山水畫……無一不盡入她的囊中。

薇薇夫人退休後，積極的學習繪畫，從作家變成專業畫家。如果李潼還在世，一定要將兩人設定為頑皮可愛的老少年，寫一系列的老少年生命遊記。

六十五歲的邱國順早上在市場賣魚，夜間在兩個社區的廟宇或社區教室免費教卡拉ＯＫ，教學相長，讓他天天都在忙碌中快樂的過日。這之前，邱國順在社區大學修了六、七年課，包括學習唱卡拉ＯＫ。活力十足，使得剛入初老的他，不容易被看出真正的年紀來。歐美玉也在市場賣魚，收了魚攤，她也到社區大學上課。不只這樣，她還參加讀書會，沉浸在讀書和交友的世界裡。

以前來宜蘭社大、羅東社大或師大人文中心上我的「小錢遊世界」自助旅行課程的朋友們，多年後的現在，他們在世界各國踽踽獨行。有些人原先個性內向，怕與陌生人相處、怕一個人旅行、怕一個人住旅館、怕一個人吃飯，現在，他們背著背包，一個人或兩個人一起走到世界各個角落，愈來愈自在，終於把流浪當人生樂趣，這才發覺，年輕時的自己，怎麼過著那麼呆板和無聊的日子！反倒是現在愈過愈有趣，還真享受如今的歲月，連保養品化妝品都給扔了。

退休多年的郭繼宗，現在正一個人在東歐的羅馬尼亞自助旅行三個月。他發覺，上了自助旅行的課後，他的世界變大了，而且大到無法想像。林芙聰也是一樣，還自己跑到非洲的烏干達旅行，意外的開啟了她及一些朋友每年支助當地人的慈善之路。

社區大學、老年大學，以及民間的私人教室（我不喜歡補習班這個稱呼，感覺像是被壓迫似的）都提供了多元課程，讓想學的人盡情的學習。張天福在妻子過世後，參加了歌唱課程，現在他跟著一個團體到各地表演。忙，讓他走出喪妻之痛。

不工作了以後，更要為自己活

人生，沒有退休

美國沒有退休年紀的限制，如果你熱愛工作，可以做到九十歲或一百歲，沒有人會干預。

我的有機化學教授是台灣來的，七十一歲。我們曾針對是否退休的問題對談數次。他問我，退休是否老得更快？「也許，如果你沒有精采的退休生活，只是在家看電視，不只老得快，還會容易失智。這是我上『老年學』得來的結論。」我說。

退而不休，或再發展第二個事業的人比比皆是。芙朗從小學老師退休後，又找到圖書館員工作，每週工作約二十小時。她樂此不疲。

我的一位美國朋友津，七十一歲。她退休後回大學就讀，拿到大學學歷，便和丈夫約翰到中南美洲教英文兩年，然後，轉往泰國教英文，已經三年了，還在持續中。津是乳癌患者，但乳癌從來沒有綁住她的腳。她還是「和平製造者」免費夏令營（Peacemaker Summer Camp）的創始人。

王瑞民在銀行優退後，一個人在家，覺得無聊，後來在藝術拍賣公司找到一個總務工作，意外開啟一扇學習藝術和認識藝術家的門。藝術拍賣公司每年春秋各拍賣一次，王瑞民的業務對象就是藝術家。藝術品的拍賣和包裝送貨……都是他從來沒有接觸過的領域。

作家兼國小教師的褚乃瑛退休後，也專門做以前不能做的事，例如到股票市場見習，天天打球，到郊外走走。「所有退休後做的事情，全部以玩的心態對待。」她說。「寫詩，也花了一些時間。」

為閒暇時光設立目標

鍾碧娟年資一到就申請退休，考慮的是健康因素。而如今，已經退休三年的她，依然貫徹每年設立一個退休主題。

她第一年的退休主題是身體保健年，也陪媽媽一年。「健康，才不會拖累別人。」這是鍾碧娟自己的中心思想。鍾碧娟一退休，立刻到加拿大參加「世界有機農場」（WWOOF，World Wide Opportunities on Organic Farms。官方網站：http://www.wwoofinternational.org/），工作四十幾天同時旅行。WWOOF是一個國際性組織，有四十幾個國家參與，台灣也是其中之一。上該官方網站後，在底下選擇國家處按一個國家，然後在地球儀上有一個紅點，接著按上頭的國家網站，就可以讀取該國所有參與WWOOF的有機農場。選擇自己想去的國家旅行，順便做義工、學習簡單的有機生活方式也不錯。那是交換食宿及學習有機農作，由農場主人提供免費食宿，每天不支薪工作四至六小時，其他時間可以旅行或做自己的事情。第一年去加拿大的經驗十分美好，第二年鍾碧娟轉戰日本的農場。退休的第一年也是媽媽生命的最後一年，鍾碧娟到媽媽家陪了她一年，讓媽媽走得平安。這件事也讓鍾碧娟感到安慰。

退休的第二年主題是宗教探索年。鍾碧娟花了一年的時間在各種宗教之間遊走，理解、尋找心靈的寄託，並參加「內觀中心」的打坐，學習了佛教的「如實接受」及佛教的健康心理學，並了悟佛法是得到圓融智慧的方法。由此，她覺得佛教與自己的心靈比較靠近，因此選擇了佛教作為自己退休後的身心靈依靠。

根據研究，有信仰的人，在老年階段的生命會更扎實和健康，信仰也有助排除對於晚年生命的恐慌和對死亡即將來臨的害怕。

很多人將老年階段的重點放在身體的健康上，但身體、心理及心靈是結合成一體，密不可分的。心理上出了問題，身體也會生病，影響所及的是心靈的層次。

因此，老人到廟裡參加活動，拜拜；到教會做禮拜，受洗成為教徒；或到佛寺禮佛念經，皈依佛祖。宗教在心靈部分的作用不少。

第三年的主題是夫妻感情增長年。

來自破碎家庭的鍾碧娟在婚姻路上曾有三個轉折。由於成長於破碎家庭，她剛開始打算「不結婚」；後來修改成「結婚不離婚」；之後，觀念再度調整為「孩子高中畢業就可以離婚」。在三十年的婚姻中，鍾碧娟發現自己一直都是「想去哪裡，就去哪裡」，丈夫從沒干預過，這就是幸福。二〇一三年，丈夫受邀到緬甸義務教學，鍾碧娟主動打電話向主辦者詢問，是否可自費隨夫同行，進而毛遂自薦，也去義務教學。

「我每年給退休生活訂定一個主題，而主題就是目標，我朝著目標走，有個方向，挺實際的。」鍾碧娟的做法如此，而她的先生鄭文嵐則迷上騎腳踏車環島和登山，挑戰自己的極限。有時候鍾碧娟和丈夫一起騎腳踏車上太平山，有時候鄭文嵐的好友，蘭地咖啡的主人莊文生也會陪同他騎車上山。多數時候鄭文嵐一個人騎上山，順便拍偏遠山區的學校照片。

黃春明，國寶級的作家，在八十歲時單飛到美國巡迴演講，當時我特地開兩小時的車到亞特蘭大聽他演說。在他身上，我沒有看到老。退不退休，完全看自己。

Part 3

錢事、健康事，最重要的事

要存多少老本才足夠？

認為養老的第一件大事就是要有錢的人，多得不計其數。但我將錢排在第三位，因為若把前面的兩個章節做好了，錢可大可小。美國有高達85%最老族的年收入是在美金四萬元（約合台幣一百二十萬元）以下，花錢多的老人，也可能覺得這個金額不足。

對金錢的不足感到害怕、沒安全感，和不安，是人類的通性。台灣在這部分尤其嚴重。

「雖然錢不是萬能，但沒錢萬萬不能。」尤其是要養老，沒錢怎麼養？二〇一三年六月，《今周刊》針對三十到四十九歲的青壯年做的養老金調查，結果如下：

一百萬台幣：0.7%

一百零一到三百萬台幣：1.6%

三百零一到五百萬台幣：6%

五百零一到一千萬台幣：20.2%

一千零一到兩千萬台幣：31.4%

兩千零一到三千萬台幣：17%

三千零一到五千萬台幣：9.8%

五千零一到一億元：5.4%

一億元以上：3.6%

不知道者：4.3%

一千萬到三千萬元者總計有48.4%，若從五百萬起跳到三千萬，就將近七成人口了。這是青壯年的看法。

二〇一二年三月，《康健》雜誌、東方線上，及東方快線共同在網路上針對三十到四十九歲的青壯年做了一份問卷，調查關於沒有子女，一個人老後照顧和生活費用如下：

老後沒有子女且生活已經不能自理，需要住進護理或長期照顧機構時，每個月至少需要準備多少費用才夠？

五千元以下：3.8%
五千零一到一萬元：17.3%
一萬零一到三萬元：51.2%
三萬零一到五萬元：20.8%
五萬元以上：6.8%

就這個部分，青壯年看輕了「不能自理」的意思，有嚴重低估費用之嫌。說得具體一點，除非是存款很多，或有鉅額不動產者，不然大概很難負荷長期照護的費用吧！

無子女，老後一個人每個月的生活費用需要多少才夠？

五千元以下：5.6%
五千零一到一萬元：38.8%

一萬零一到三萬元：46%

三萬零一到五萬元：7.3%

五萬元以上：2.3%

在生活費用上，至少，以我個人的認知，一萬元以下在台北是無法生存的。外縣市是否可能低到那樣的程度，也值得懷疑。單就水電瓦斯費、網路費和電話費，可能就超過五千元了。三、四、五年級生多數人有自有房子，而青壯族有房子者比例有多少呢？若需要租賃房子居住，那麼，房租呢？台北市的單人套房，「一萬多元一個月起跳」，是基本的共識。連公辦民營的台北市朱崙老人公寓（http://www.cthyh.org.tw/longcare/jl/04.htm），八坪的單人房每月住宿費也要價一萬八千元，伙食費另外計價，也得四千元，這樣合計下來，就至少兩萬二千元，還不包括手機、牙膏、肥皂、衛生紙、零食、社交等費用。

究竟一個人老後需要多少錢才夠生活？沒人說得準。不過，基本開銷是免不了的。但總不可能人都已經老了，還那麼吝嗇，對待自己太過苛刻吧！從這樣的調查，沒有子女的青壯族，將來一個人老後，將面臨「照護不足」、「無處居住」、「孤立孤獨」、「經濟貧困」等四大困境。他們的老年將比三、四、五年級生還辛苦。

有勞保的人，月退和一次退，也不無小補。一個退休的朋友，每個月從勞保領到月退兩萬一千元，對生活簡單的她來說，已經很滿足了。

沒有公勞保的人，政府在二〇〇八年成立國民年金，由當事人支付六成保費，政府支付四成。這些人包括家庭主婦、自由業（例如作家）、打零工的人、做資源回收的、失業的人……這些人可能是將來台灣社會一個人老後在經濟上最弱勢和最危險的一群。

反璞歸真，錢變大

原來在台北經營生意的凡夫，出入有車，應酬多，生活開銷根據他自己的說法是奢靡，消費額非常的龐大，壓力特大，健康也很糟糕。移居家鄉東北角貢寮的馬崗村後，他的生活費用驟然大幅下降不說，壓力消失了，也愈來愈健康，現在他把醫生拋到好遠好遠的地方去。

馬崗村是靠海的漁村，居民以捕魚養魚為業，每天看海看日出，吹海風不必花錢，開門就行，生活很簡單。就像是西方人到海邊度假，天天都是假期，怎麼可能不健康？移居馬崗村後，凡夫赫然發覺錢變大了，以前一千元台幣在台北市，一下子就不見了，如今，一千元可以用一陣子。菜價便宜，吃魚更省，菜販和魚販都會載來家門口販賣，買菜也方便，無車也行。

「有時候，村人會送自家種的菜來，連住在福隆的朋友，也會把菜放在我家門口。」移居馬崗村後，凡夫重新體會漁村的溫馨人情，覺得以前在台北過的殺戮日子，簡直是浪費生命。

「這兒到處都是海菜，可以採摘來煮，是健康又沒有毒的海邊蔬菜喔！這些野菜，也統統是免費的。」凡夫指著到處長的野菜，說這個也能吃，那個也能吃。

既然退休後生活如此儉約，在漁村養老的凡夫不必花時間在賺錢上，他潛心撿漂流木雕刻成藝術品，還無師自通書法，每天過著優哉游哉、但很豐富的心靈退休生活。

退休金養老篇

投資，蛋可生雞

符慧中以子女的名義買國外保險投資，每年固定繳一筆費用，連續繳十年，好為自己老年的收入做預備。「孩子們的年紀正是二、三十歲，保險的價格比較便宜。用孩子的名義買保險，較划得來。繳付保險十年後，就能每年領取一定投資所得。我對孩子們說，我活著的時候，這些投資所得，歸我領取，因為我是付錢的人；我死了後，這個投資就由他們繼承。這是保障我的晚年，也有利孩子們老年的投資。」

美國的生命保險（Life insurance）等於是死亡保險（Death insurance）。除了支付保險人的死亡開支，包括殯儀館費用，還給子女和家庭成員一些錢，既顧到保險人，也兼顧到家庭成員，是一兼兩顧的做法。醫療保險（Medical insurance）則是支付醫生、醫院、救護車、處方藥等。安妮塔也買這種保險，每個月她支付三百四十四美金（NT$10,320）。因此，當她動心臟手術時，聯邦的醫療保險計畫（Medicare）支付81%的住院費用，其他的19%費用就由這份私人保險承擔。所以，安妮塔不必再因為手術而支付任何費用。

有一位台灣的作家朋友最近罹患卵巢癌，「幸而之前我買了一份生命保險，這次意外有卵巢癌，動手術時，那份保險承擔了健保沒有給付的部分。妳要趕快趁六十歲前去買這種保險，保費比較便宜。六十歲以後，保費升高很多。」她如此對我曉以大義。

在美國，基金型的投資，最被退休人士所愛。原因在於基金型有很多種類可選擇，如台灣的封閉型基金、開放型基金等。其次是，基金投資的範圍很廣，可能有三十到一百種以上的選擇，這樣可以分散風險，不至於把雞蛋放在同一個籃子裡。另外，基金有許多專業人員在負責投資事宜，比較可靠。

股票市場也受到一些老人青睞，但股票起起落落，上沖下洗，對老年人的心臟健康有時可能衝擊太大，萬一像台灣以前的股票市場連續十九天無限量崩盤，老人家受不了那樣的打擊，可能一命嗚呼，划不來。心臟強，又喜歡股市生態，可以放手一搏；心臟不強，又愛買股票，宜選擇績優股，可信度較高。既可以分配現金，也可以分配股票，就像雞生蛋，蛋生雞一樣。但績優股體積龐大，不易炒作，不太可能像小型投機股那樣任由股市炒手炒翻天，所以，不會大賺，但也不至於斷頭，搞到血本無歸。

有些人將退休金全部投入靈骨塔或一些可信度欠低的店家，只因聽信一些披著宗教外衣的掮客三寸不爛之舌，最後全部揁龜，甚至用信用卡借錢購買靈骨塔作為投資，到頭來不但退休金不翼而飛，還被信用卡的高利息壓得喘不過氣來。一輩子的老本，就在無知和貪心及社會制度不健全下沒了，落個淒涼下場，非常不值得。

一句話，一定要記得，所有的投資，都有風險（Risk）。差別只是風險的大與小。投資之前，一定要問自己，能夠承擔的風險多少，才做投資的決定。

若不願意冒險，那麼，銀行、郵局的定期存款可以說是最安穩的儲蓄方法，但現在是低利率的時代，要靠利率養老，恐怕會餓死。若銀行存款利息是2%，通貨膨脹是3%，代表現金購買力減少1%，其實也是風險。

如果個性保守的話，政府公債也可以做長期的考慮。政府公債的風險應該相當低，除非政府倒閉或破產。

無論如何，晚年的投資應以保守為宜，更應以自己為主。該不該給成年子女錢，該不該買房子給子女，可以深思，真有必要那麼做嗎？兒孫自有兒孫福，孩子已經成年，應該自己給自己開路去。

附錄有信託篇，對信託有興趣的讀者可跳到那一篇閱讀。

麗麗退休後，每個月從勞保局領到一筆兩萬一千元的月退，對她簡樸的晚年生涯，幫助頗大。我的一位公務員朋友，退休後每年領到一百萬元退休俸，生活過得很頂級。

現在，國民年金上路了，沒有公保、也沒有勞保的人，如我，就被規類為應繳納國民年金的一群，每兩個月必須繳付台幣一千五百五十六元，六十五歲以後才會有國民年金可領。

政策應更人性化

針對國民年金，政府的出發點是好的，讓沒有公勞保的人在晚年有一份收入，有點像是美國的社會安全基金。但美國的社安基金做法是直接從每個月的工作收入扣除預備金，接近勞保的方式；而台灣的國民年金卻是給你帳單，你沒有繳付，累積下來，還追加利息，讓無立錐之地的人立場更加艱困。我想到那些失業沒收入的人也得繳費，真不知道他們錢從哪裡來？雖有低收入戶補助的設計，但當事人得提出父母（如果還活著）和子女（如果有子女）的戶口謄本……換句話說，社福牽涉到幾代，而非將其視為獨立的人。

正視老年貧窮

根據研究，老年與富裕有關係。富裕可以讓老年活得更健康和快樂，也更長壽。相反的，貧窮是老人最嚴重的問題之一。貧窮、孤苦、老病，總是如影隨形。

依據二〇〇一年美國社會安全基金針對領取社安基金的老人總收入所做研究，社安基金收入是39%，打工收入是24%，財產收入是16%，公務員退休金收入是9%，私人退休金收入是9%，其他的是3%。

美國社安基金法案於一九三五年成立。一九六五總統簽署法案。一九六六通過。社安基金專門提供給退休、視障、母親及她們的孩子財物支助。工作年數愈高，收入愈高者，繳的愈多，將來也受益更多，男人是最大的受益者。滿六十二歲，可以提前領取社安基金，但六十五歲的法定年紀時領取到的是全額的福利。一九六〇年以後出生的人，則將延至六十七歲受益。

老年女性貧窮，多於男性

美國的人口統計指出，二〇〇〇年的美國六十五歲以上女性有更多比同年紀的男性貧窮，有12.2%的老年女人是貧窮的，但只有7.5%的老年男人是貧窮的。而沒有與親人一起住的女人更高達20.8%是貧窮的。

貧窮的女人是男人的兩倍，這樣的數目字，在我的「老年學」課程提到時，我著實嚇了一大跳。

在二〇〇六年的一項保險公司的調查中，高達80%的美國女人說她們老年時將依靠社會安全基金養老。美國中年離婚的女人，在家裡當家庭主婦一輩子，社會安全基金沒有她們的份。因此，在四、五十歲時回到職場，在超市打工、賺取時薪的大有人在，就是要為自己一個人的老後做好理財準備。相對於男人，離婚與否，衝擊較小。因為他們的工作沒有間斷，每個月收入有一部分固定進入社會安全基金，有的進入401（K）退休金預備，都讓他們靠得安心。

根據美國老年婦女聯盟（The Older Women's League）的研究，女人一生中平均花了十一年半在照顧孩子或老年父母。既要照顧孩子和老年父母，在工作時間上就不可能連續。誰知道父母何時會生病需要照顧？這個影響下來，女人在工作領域的退休延遲，而且收入也較低。女人從事的工作，五個人中有三個是販賣、神職或零售的工作。服務業、兼職及偶爾的打工，收入都相對低。女人的收入不只因此偏低，連退休金也比男人少。二〇〇三年美國勞動局指出，以第三季的收入，女人的所得只有男人的80%。

當嬰兒潮世代踏入老年

美國人的父母與子女的財務是分開的。沒有錢的老人，需向政府的社會福利單位申請補助，如低收入居住、免費食物券、免費健康醫療。

不過，柏克萊大學社會福利學院的教授史卡拉（Andrew Scharlach）預測，二〇二〇年時，美國社會三個人中將會有一個人在經濟上必須支助他們的老年父母。

美國的退休老人中，有的不堪帳單壓迫，會回到就業市場打工。這些人裡頭，有的是窮得還不夠徹底，或是名下有財產，不符政府補助資格；有的人純粹喜歡工作，藉此與人群接觸。還有的人是為旅行費用而打工。我一個七十多歲的美國朋友每年都要與妻子到外國旅行幾個月，他打工的收入就是他們夫婦逍遙的資金。

一般來說，傳統世代（或稱沉默世代，一九二七到一九四五）的美國人（約台灣的一、二、三年級生）因經歷過三〇年代的經濟大蕭條，他們的個性比較節儉樸實、自我犧牲、懂得安排財務，自制能力高，如從年輕時，就以每個月收入的10%

作為定期儲蓄，絕不動搖到退休，到老年時，這些儲蓄成為非常可觀的數字。第二次世界大戰時，小羅斯福總統的社會安全基金政策（Social Security），也讓這批人退休後過得很安穩，再加上退休金，那麼，正常下，一般的退休老人是沒有金錢隱憂的。

而且，傳統世代的人大致上有高中學歷程度，是閱讀人口。他們透過閱讀來增加理財知識和健康保健，也懂得安排退休生活，所以，他們的退休後生命品質都比他們的上一代更好。

嬰兒潮世代（一九四六到一九六四）的美國人（約台灣三、四、五年級生），是第二次世界大戰結束後，在外國作戰的老兵回家，讓幾乎有生育的美國女人當時所生下的孩子。嬰兒潮以柯林頓為代表，有大學學歷的人很多。那是性解放和嬉皮及搖滾樂的年代，他們樂觀、愛享受，花錢和賺錢是平行的。他們的想法總是明天會更好。嬰兒潮的人現在開始進入退休，也開始改變退休老人給人的負面印象。

相對於嬰兒潮，接棒的X世代（也稱嬰兒遞減世代）（約台灣的五、六、七年級生），是自給自足的世代，以科技將嬰兒潮拋開，暫且不談。

雖然同樣是嬰兒潮世代，但因台灣和美國在經濟、文化和教育上的落差很大，因此，我們的嬰兒潮等同結合美國的傳統世代和嬰兒潮世代，甚至在某一部分還不如美國的傳統世代。不過，我們也是台灣最幸運的一代，在貧窮但不算極度匱乏的農村長大，進入都會打拚（工業），經濟能力水漲船高，是只要有努力，就會有成就的一代，而且成就通常都比父母還高。

我們同時也是自我犧牲、自制能力強、閱讀人口多、節儉成性的一代，加上台灣的房價節節升高，即便我們沒有多少養老金，迫不得已，至少我們還可以賣掉自己的房子來養老。

不過，二〇〇八年的全球經濟危機改變了一些狀況，讓不少人的投資泡沫化，血本無歸，甚至因此而負債累累。還有一些人來不及建立養老觀念，跟著傳統跑，把自己的儲蓄或房子或自願或被迫的提前讓渡給子女，結果自己老來無所依靠。

八十三歲的劉先生說他還得辛苦的工作，因為妻子受傷，行為能力退化成三歲，需要外勞照顧，需要錢支付。他從年輕到現在工作了六十多年，雖然買了兩棟房子，但兩個兒子要老爸爸將其中的一棟房子賣掉，讓兄弟均分，才願意搬離爸爸的房子。

忠厚又傳統觀念濃厚的劉先生曾躊躇不前，最後逃不出傳統觀念的左右，覺得給兒子財產是義務，就賣掉了那棟保命的房子。

像劉先生這樣，體力、腦力及健康情況都很好，繼續工作其實對他的生命好處多於壞處，唯一遺憾的是，他不能親自照顧妻子。

給怕老的你

蘋果電腦前總裁賈伯斯（Steven Jobs）生前在為史丹福大學的畢業典禮演講上，談到他罹患胰臟癌手術成功時說：「想進天堂的人，也希望是活著進天堂。」怕老，怕死，怕病，怕痛，都是人的自然反應。根據美國的研究，年長女人比年長男人更怕死。

隨著老年人口的增加，二〇〇六年四月，台灣第一個為老年人成立的「高齡醫學整合性門診」在台北榮總誕生。

從此，老年人掛一個號，支付一次掛號費，就可以跨科去看相關科的醫生，包括老年醫學專科醫師、復健科醫師、臨床醫師、臨床營養師、社工師、護理人員、精神科醫師、個案管理師等。這樣一來，老人生病上醫院不必一一掛號，更不必在醫院裡東奔西跑、迷路、焦慮，或為了拿一堆可能重複的藥物，而疲於奔命。

老年患者在「高齡醫學整合性門診」就醫後，還連結到門診追蹤，及引入歐洲盛行的中期照護概念，包括身體復健及營養調整和心智功能的恢復、長期照護及安寧照護等。這個售後服務頗以「客戶」（患者）的需求為導向，算是台灣最領先群倫的愛老人、關心老人的醫院，也是老年醫學的先驅，讓榮總成為該領域的革命先鋒，呈現雙贏的局面。

老年人口的增加，也改變老年醫學的地位。老年醫學成為顯學，其他大型醫院跟進，也就不足為奇。相反地，過去是顯學的婦產科和小兒科將因出生率降低而萎縮。婦產科醫生和小兒科醫生將來失業，也不無可能。

同年六月，「高齡醫學病房」也在這個高齡醫學中心設立了。

二〇一〇年七月十日，台北榮總高齡醫學中心主任陳亮恭在《中國時報》發表了「寫給怕老族的信」，值得一起來閱讀。

給怕老的你：

台灣人口老化速度世界第一，二〇二五年六十五歲以上人口，將超過20%，變成和現在的日本一樣，是個真正的「老人國」。當社會五分之一都是老人，會是什麼模樣？你，準備迎接老化了嗎？臨床上，我接觸最多是五十歲以上的人，包括你在內，可能再過十來年將進入六十五歲門檻，或許，你並不覺得自己老，但這就是「定義上」的老人。

在進入老年之前，你是否曾好好想過：要如何老去？是天天奔波在醫院，躺在養護機構由專人照料？還是盡情享受退休生活，到處遊山玩水？

根據研究，人在死亡前，一生中無法自理生活、需仰賴他人照顧的時間，平均長達七年多。試想一下，整整七年，你可能無法自己走路、自己上廁所或自己吃飯，生活大小事都要靠人幫忙，不只自己過得辛苦，照顧的家人也是身心俱疲。

門診中，我常看到很多罹患慢性病的長輩，很多人認為這「很正常」，反正人老了，功能樣樣都退化。我要告訴你：這個觀念是錯的！我們不要「快速老化」，而是要「成功老化」！簡單地說，一個老人健不健康，不是看他得什麼病、或是醫院的檢驗數值，最關鍵的指標是身心功能狀況，人老了還活得健康、有活力，生活有品質，身分證上的出生年月日只是一個數字而已。

我總是提醒周遭朋友，及早「儲存老本」，過了五十歲更需要警惕自己。醫生工作很忙，我儲存老本的方法就是，把運動「併入」日常生活，多走路、多爬樓梯，做好飲食控制，不攝取含糖飲料。

如果你不想年老之後，天天看病吃藥，第一要務就是，養成固定的運動習慣，及早鞏固「骨本」與「肉本」，因為走路變慢、走路不穩，多半和肌肉退化有關，練習能鍛鍊肌力的低阻抗運動，例如舉輕一點的啞鈴，適度的伸展，來保持良好的身體功能，避免骨鬆症與肌少症（sarcopenia）也就是避免骨質流失與骨骼肌的萎縮與退化。

第二，是維持良好的心智功能，避免憂鬱、失智，平日多做一些腦力活動，學習新的事物，活潑使用大腦，積極參與各種社交活動，不要將自己侷限於一成不變的生活模式，這都是活力老化的要件。

未來的五到十年間，整個醫療照護、長照、銀髮產業，都會因老年化有很大的改變。你會發現，往後的醫師並不只是看病與開藥，而是想盡辦法來維持你的身心功能、改善你的生活品質，台灣將發展出一個無縫（seamless）接軌的照護體系，不同健康狀況的人，都有適切的健康照護服務。

面對人口的白髮化（greying），時間是毫不留情地流逝，你、我和政府現在就要共同努力，讓台灣成為一個適合高齡人口居住的「樂活社會」。

要認老，不跟自己過不去

定期做健康檢查沒？

最近政府終於注意到了醫療預防的重要，也開始努力的宣傳。預防得好，老年生病的機率就降低，政府的財政支出也減少，健保虧損亦將趨緩。

和朋友見了面，我常問他們，做健康檢查沒有？有人不置可否，因為從來沒生病過。而我例行做健康檢查，是因為二〇〇六年我在宜蘭社大教學，有一天在回台北的火車上，接到我的電影同學顏彩雪的電話，說有重要事情必須當面對我說。

原來她長年在媒體工作，主跑立法院新聞，每天忙碌不堪，壓力又很大，很少喝水，也幾乎都外食，卻在一次檢查時，晴天霹靂的得知自己是大腸癌末期患者。

接著，她開始一連串的化療和手術，進出醫院變成她的家常便飯。她對我說：

「我要送妳一份一輩子的禮物，管制好進出口，也就是注意妳吃進什麼，和排出什麼。別像我這樣，整個人都被工作綁架了。」

顏彩雪還建議我要和家醫科的醫生保持良好關係，因為從家醫科再延伸到其他科別做檢查最容易。

我就是從那時開始做健康檢查的。除了政府近年推行的癌症篩檢（乳房攝影、子宮頸抹片、糞便潛血、口腔檢查）外，我還應該做什麼健康檢查，常教我疑惑。

有一次，要回台灣前，我問了一個和我年紀相仿的美國朋友。在美國，五十歲的人該做什麼檢查？

那位朋友對我說，美國人五十歲以上，非做大腸鏡檢查不可。若有大腸息肉，要立刻切除，要不，有可能變成大腸癌。

聽到那樣的解說，我明瞭了。於是那年回台灣時，我主動向醫生提及要做大腸鏡檢查，醫生卻說：「不必啦！」我還是堅持非檢查不可。

大腸鏡的檢查過程很麻煩，檢查前三天除了要控制飲食，吃短纖維的食物外，前一個晚上還得喝瀉藥，跑一整晚洗手間。第二天到醫院前，還得使用肛門塞劑，以便將糞便清除得更徹底。

檢查的結果是，我有息肉。醫生當場為我割除了。

最近幾年，政府開始重視大腸癌的預防，公布了台灣五十歲以上的人中，每兩個人就有一個人有息肉。

想當年，如果沒有主動做檢查，我得大腸癌的機率便增加很多。

後來我問年紀接近的台灣朋友和家人，他們做大腸鏡檢查了沒？得到的答案幾乎是零。我提醒他們要檢查，可是大腸鏡檢查不舒服，讓他們卻步。一個做過大腸鏡檢查的朋友甚至因為在醫生說不必麻醉下而痛苦萬分，從此怕得不敢再做檢查。

而我，寧可每兩年做大腸鏡檢查，持續追蹤。我寧可自費三千元麻醉，以確保和大腸癌保持距離。

此外，腹部超音波檢查、驗血、驗尿、頸動脈超音波、乳房X光、血壓、血糖、膽固醇、眼睛、骨質疏鬆、牙齒、視力等，都是我非常關注的檢查範圍。

有一位長我幾歲的朋友最近腹部鼓脹，動了一個手術，竟意外發現罹患第一期的卵巢癌。她奉勸我，趕緊到醫院做盆腔檢查，以確定卵巢的健康。我上網查了相關資訊，隨即掛了婦產科門診。不過，醫生卻告訴我沒有必要做骨盆腔檢查，還說卵巢癌檢查不出來，這和大腸鏡檢查是完全不同的。

花些時間，為自己理出一張健康檢查的清單，再去做檢查，確定自己的健康情況。這是為自己的健康負責。

你配老花眼眼鏡了嗎？

我在美國讀書，從英文班讀到成人高中，再升上大學，需要大量的閱讀。在閱讀和考試時，老花眼給我很大的干擾。考卷拿起來，常常得貼著桌面，還不一定可以舒適的作答。

幾十年來，雖然我的近視度數高達六百度，但我一直都喜歡裸眼閱讀，以致沒有察覺自己需要配戴老花眼鏡。結果，我在上課和考試時，徒增很多的困擾，卻仍然不自知。

最近，我終於配了老花眼鏡，發覺書的字體變大了，顏色也變深了，閱讀起來舒服許多。不只這樣，我還配戴電腦專用、抗藍光的老花眼鏡。現在，就算長時間寫書，眼睛也比以前舒服。

過去，我為太陽的陽光，配戴了防紫外線的太陽眼鏡。但我不知道電腦的藍光很強，傷害眼睛很大，甚至會導致白內障的產生。

老花眼鏡已經比以前的蠢蠢模樣進步很多，可以配戴多焦眼鏡或雙焦眼鏡，將近視、電腦、老花眼的度數結合在一副眼鏡上，而且那條分界近視和老花眼難看的線已經被淘汰掉了。

一旦有老花眼，近視度數會降低，老花眼的度數，則會隨著年齡的增加而增高，因此，每隔一兩年就到眼科診所檢查眼睛是有必要的。眼睛度數改變，眼鏡也得隨之而改，不然，就像穿著不合腳的鞋子，可能會皮破血流。

據說，到餐廳點招牌菜的人，很大一部分是有老花眼的人，因為看不清楚菜單的字，為了減少麻煩，索性招牌菜點到底。還有人用猜的，或者對服務生說：「說給我聽，你們餐廳有什麼菜？」

還有人撥打手機時，看不清電話號碼和手機上的數字，發簡訊亦同。

老花眼增加生活的困難度不少。有的人因為老花眼，只讀報紙的大標題；還有人因為老花眼，閱讀吃力，乾脆連書都不讀了。

不讀書，怎麼行？那不但老得更快，更孤僻，更無知，更無趣，也更容易被時代淘汰。我的美國朋友們，不論是七十、八十或九十歲，都還天天閱讀，這讓他們的老年生命益加燦爛。我的鄰居林春朝先生到了一百歲，也還是天天閱讀。

閱讀豐富生命，也開闊人生，實在太重要了，我無法想像，若是沒有閱讀，該如何活得優雅。沒有閱讀，不閱讀，是虐待自己，也是處罰自己。只因為老花眼，就犧牲了閱讀，太不值得了吧！

如果你還沒有配戴老花眼鏡，不妨到眼科醫生那兒檢查，再依醫生處方配戴適當的眼鏡。你會發覺，老花眼鏡讓你的生命色彩繽紛。

老年抑鬱不可忽略

老年的疾病分成兩種。一種是身體上的，一種是精神上的，也就是心理引起的問題。老年精神疾病以憂鬱症為首，其次是老年失智症。

憂鬱症來敲門

每個人一生中或多或少都有傷心和憂鬱的時候。但如果一個人持續性的憂傷和憂鬱，並干擾到日常生活，就表示生病了，可能罹患了憂鬱症。憂鬱症就像心臟病或糖尿病一樣需要治療，要用藥物控制，而且治癒率高達80%以上。憂鬱症不會隨著年紀增加而增加，如有些兒童因為考試和學習過重而有憂鬱症；有些青少年會為了愛情的煩惱，得到憂鬱症。不過，老人憂鬱症卻是居各年齡層的第一名。

憂鬱症經過精神科醫師處理，就會改善。但如果放著不理，憂鬱症會如影隨形，一年又一年，而且可能引起其他症狀發生。

老年人很難描述自己的感覺，因此，老年人的憂鬱症不容易被發現。一般人只覺得老人愛抱怨、囉嗦，但也許老人真的生病了。

高雄市社區心理衛生中心與董氏基金會聯合公布了一項調查顯示，根據高雄醫學院與成大醫學院精神科曾對台灣地區一千五百名，六十五歲以上的老人做社區調查中發現，老人憂鬱症患者竟高達21.1%。

台灣的憂鬱症老人會愈來愈多嗎？不必懷疑，答案是肯定的，理由如下：

一、台灣人平均壽命增加，老人人口急速成長，老人憂鬱症患者增加比例自然像大樓一樣，愈來愈高。

二、環境變遷快速，年紀愈大的人，適應新世代變化速度的能力降低，承受不住太大的壓力。

三、慢性疾病隨年紀與時代劇增，由身體疾病引發的心理憂鬱人數隨之增加。

四、過度使用藥物也是造成憂鬱症患者增加的主要原因，如某些抗精神病藥及降血壓藥。

五、精神科醫師的人力及專業訓練有效增加，診斷能力、工具也跟著有效加強，因此，正確診斷出憂鬱症的病人也增加。

老人憂鬱症盛行率為各年齡之冠，但就診率不到十分之一。

另據董氏基金會、羅東聖母醫院、台灣憂鬱症防治協會與台灣老年精神醫學會於二〇一三年一月聯合公布，根據WHO在二〇一二年公布的數據推估，憂鬱症的盛行率為5％。以此換算，全球將有三億五千萬人罹患憂鬱症，台灣則有近一百一十五萬人。

季節交替是憂鬱症好發的時機。農曆年全家團聚時，必須特別關心有憂鬱情緒的人，特別是老年人。老年人在家的時間最多，與青少年或上班族相比，能見度較低，被忽視感、孤獨感很可能會特別加重。董氏基金會也提醒，除了關心家中長者身體上的健康外，也要注意是否出現憂鬱症的警訊，並呼籲台灣老人憂鬱醫護品質要再升級！

羅東聖母醫院陳永興院長本身也是精神科醫師，他提醒，老人憂鬱症是漸進式的。他以自己母親的例子說明，他的母親初期出現身體上的不適症狀，如腸胃不適，並開始焦慮不安、睡不好、記憶變差，初期本以為是一般老化現象；但他的老年媽媽一直持續抱怨，甚至向陳永興說，有不想活下去的念頭。陳永興警覺不對勁，帶媽媽到精神科就醫，診斷為憂鬱症，經治療後已改善。

老人憂鬱，常被忽略

陳永興強調，憂鬱症老年患者外顯的憂鬱情緒不常見，很容易被家屬誤以為是「老化」或「老番癲」而忽略！根據羅東聖母醫院統計近三年老人因憂鬱症就診的比例，約只佔全體的1.3%，不到盛行率的十分之一。可見多數老人正飽受憂鬱困擾卻未積極獲得適當的照護。其中，以老年性的隱形憂鬱症狀更為嚴重。

依憂鬱症盛行率推估，老人憂鬱症的男女比例應該各佔一半。但根據羅東聖母醫院老人憂鬱就診資料顯示，就診的男性長者只佔相關就診人數的23%，這意味著老男人很ㄍㄧㄥ，常用掩飾的方式去忽略，導致憂鬱症程度更為嚴重！

台灣老年精神醫學會黃宗正常務理事指出，一般人常見的憂鬱症狀大多為情緒低落、沮喪、動作緩慢，甚至有自殺的念頭。台灣人口老化嚴重，六十五歲以上人口已超過11%，達兩百六十萬人。用研究上最保守的老年憂鬱症盛行率約12%來估計，台灣至少有三十一萬名長者深受憂鬱症困擾。

老年人的憂鬱症特點是以身體化來表現，如「疲憊、記性衰退、身體不適」是老人憂鬱症的三大警訊。身體化表現常被誤認為內外科的疾病或是老化現象，但其實是腦部迴路受損而引發憂鬱症。是以，當家中長輩動不動就喊累，或者經常抱怨這裡痛、那裡痛，很多事情都記不得，看這個不順眼、看那個也不順眼時，就要注意是不是罹患了老人憂鬱症。要主動詢問老年人的心情為何，引導老年人說出內心的話，情況嚴重時，要尋求專業醫師的協助，搭配藥物進行治療。

老人憂鬱，不只患者受困擾，照護者也會受到影響。羅東聖母醫院翁靜宜護理師以長期照護憂鬱長者的經驗指出：「照護者往往身兼數職，又長期肩負老年患者的生理與醫療照顧重擔，所產生的身心負荷，若沒有調適好，很容易出現疲憊、哭泣等憂鬱情緒。」照顧者對憂鬱症一無所知，長期照顧病人而使健康和情緒受損，又因不知該如何幫助患者而感到害怕，甚至出現輕微的憂鬱傾向，出現「只要講到憂鬱患者的照護過程，就感到身心極度疲憊，而莫名地哭泣」等現象。翁靜宜提醒照顧者需多加認識憂鬱症，勿將患者情緒內化在自身上，要適時抒解及善用資源。

老年憂鬱症的警訊有：

一、全身喊痛卻查無病因。
二、疲憊、記性衰退、身體不適是老人憂鬱症的三大警訊。
三、重大節日、季節交替之時是憂鬱症好發的時機。
四、一個人老後，容易有孤單、孤獨的感覺。

老人憂鬱症對患者本身、家庭及社會都是很沉重的負擔。透過「老人憂鬱照護

老人憂鬱症量表（GDS）

評量項目	是	否
01. 你基本上對自己的生活感到滿意嗎？	□	○
02. 你是否已放棄了很多以往的活動和嗜好？	○	□
03. 你是否覺得生活空虛？	○	□
04. 你是否常常感到煩悶？	○	□
05. 你是否常常感到心情愉快呢？	□	○
06. 你是否害怕將會有不好的事情發生在你身上呢？	○	□
07. 你是否大部分時間感到快樂呢？	□	○
08. 你是否常常感到無助？（即是沒有人能幫自己）	○	□
09. 你是否寧願晚上留在家，而不愛出外做些有新意的事情？（譬如：和家人到一間新開張餐廳吃晚飯）	○	□
10. 你是否覺得你比大多數人有多些記憶的問題呢？	○	□
11. 你認為現在活著是一件好事嗎？	□	○
12. 你是否覺得自己現在一無是處呢？	○	□
13. 你是否感到精力充足？	□	○
14. 你是否覺得自己的處境無望？	○	□
15. 你覺得大部分人的境況比自己好嗎？	○	□

分級」原則（見右頁），幫助憂鬱長者選擇適當的照護所在，才能真正解決患者的問題與家屬的負擔。

未經精神科醫師或心理諮商師處理的老人憂鬱症，可能會有以下的後遺症：

一、變成殘障的可能。
二、惡化成其他疾病。
三、提早死亡。
四、自殺。

老人自殺

台灣近十年來，六十五歲以上自殺人口死亡率，在各年齡層中佔最高。

二〇〇九年台灣自殺死亡率減少六十五人，自殺粗死亡率降低1.9%，其中老人自殺死亡率每十萬人口三十三點九人，較二〇〇八年下降7.4%。這是自全國自殺防治中心成立後的成果，可見老人自殺是可以預防的。

居住的國度不同，自殺的方式也有差異。台灣老人以選擇上吊居多，美國人以槍枝為首。

台灣燒炭自殺問題的嚴重性極速上升，燒炭自殺方式具有容易計畫、工具易取得的特性，結果傷害性高。

根據研究，六十五歲以上的老年人自殺死亡中，自殺前曾有就醫行為。其中有高達89.2%在自殺死亡前一個月內，曾到醫院或診所就診。

老年人自殺前就診的科別以內科為主（56.1%），其次為家醫科（27.3%）及不分科（19.4%）

老年人自殺的警訊：

焦慮不安、無助、絕望。

六十五歲以上自殺死亡的老年人，生前合併有重大傷病診斷之比例高達75%。

老年人自殺的原因：

一、身體健康的退化。

二、疾病的病痛。

三、家人間情感因素，佔19.9%。

四、失偶。

根據研究，台灣未婚、離婚或喪偶的老年人自殺比例，高於自然死亡或意外死亡的老年人。

家庭對老年人的意義比年輕人高。家人是支持老年人繼續活下去的動機。少了家人的支持和鼓勵，老年人覺得孤單與孤獨，偏偏台灣老人不懂得安排自己的社交生活和培養個人的興趣，閱讀率也太低，致使重心不穩。

台灣老年人自殺方法，以上吊為首，有高達49.6%的老年人選擇以此結束生命。第二是喝農藥自殺，平均佔19.5%（二〇〇二到二〇〇八）。老年人口比例高的縣市，有30%的人以喝農藥自殺。而這些縣市，應該是農業縣市，年輕人口外移嚴重，老人孤單無助，鋌而走險的結束自己的生命。

心情溫度計是一種簡式健康量表。以簡單的五題問答，幫助瞭解老年人情緒困擾的程度。總分在六分以上，即當尋求協助。

心情溫度計檢測出老年人有憂鬱、焦慮、睡眠困擾傾向，應馬上尋找專業協助，如精神科醫師、心理諮商師等。

相較於台灣人的自殺，生病、寂寞、被拋棄，或經濟危機，都是造成美國老人自殺的原因。自殺的方式以槍枝為首。自殺的老人中，又以白人男人為最多。而且他們自殺的成功率很高，關鍵在於他們用的是槍枝，一開槍，就沒有任何轉圜空間，如《老人與海》的作者海明威就是著名的例子。海明威的人生雖然一如他的作品般多采多姿，但他當時罹患了七、八種疾病，又以慢性病為多，包括憂鬱症和躁鬱症。

自殺防治守門3T訣竅

一、To Ask——主動關懷與傾聽。

二、To Response——適當回應與支持陪伴。

三、To Refer——資源轉介與持續關懷。

老人自殺是可以避免的。交朋友、閱讀、旅行、宗教、運動……或正向思考，都能找到生命意義，或到醫院做義工，都是避免自殺的良方。

你怕生病沒人照顧嗎？

怕生病，怕生病時沒人照顧，是很普遍的心理。

二〇一二年三月，《康健》雜誌、東方線上，及東方快線共同在網路上針對三十到四十九歲的中壯年做過一項問卷調查，結果如下：

是否擔心老後生病需要人照顧時，卻沒有人照顧？沒有子女的人，高達75.5%的人會擔心，有子女者也有65.5%的人會擔心。

我問安妮塔，她生病需要人照顧時，可曾擔心過？她很肯定的說，不會。「我的孩子會照顧我，若有必要，我也可以付錢請專業的人照顧我。」

兩年前，安妮塔進行了一個長達六小時的心臟大手術，她自己出錢，聘請了一個白天的看護，晚上則由二兒子照顧，時間長達一個月。

珍說，她罹患第四期乳癌，正在做一些化療和手術時，是她的孩子及伴侶照顧她。

一個美國朋友更說，他從來沒擔心過。「只要我的手可以拿得到手機，打給911，救護車就會把我接走，政府也會派專人照顧我。萬一我已經病入膏肓，都動彈不得了，更不必擔心。人都要死了，還擔心什麼？」

他的樂觀，是不是給了我們當頭棒喝？擔心無濟於事，擔心也不能解決問題，何必讓擔心困擾我們呢？

老後沒有子女也沒有能力照顧自己的時候，會申請居家照護的有47.6%，會住到護理之家或長期照顧機構的有44.1%，會請外籍看護的只有5.9%。

中壯年們在一個人老後的照顧上，無論是申請居家照護（47.6%）、住到護理之家或長期照顧機構（44.1%），及請外籍看護（5.9%），觀念比起傳統世代的人來，更進步也更務實。這是長足的進步。

目前台灣由北到南，從都會到鄉下，都可以看到外籍看護們在照顧沒有自理能力的老人。有趣的是，這三者之間，究竟何者為優？何者為劣？在費用上，差別何在？究竟有多少人能負擔得起呢？

還有，可以安樂死嗎？如果我有選擇權，與其選擇以上三者，我寧可安樂死。安樂死既可讓我解脫，又不浪費醫療資源，還省錢，呈現三贏的局面。

老後沒有子女，會想住在家裡的有48.8%，和朋友住附近或一起住的有21.7%，老人住宅／銀髮住宅的有20.2%，沒有想過的有5.6%，和親戚一起住的有3.6%。

老後沒有子女且生病需要長期照顧時，有家人或親友可以依靠或幫忙的有41.5%，沒有的17.5%，不知道的有41%，後兩者總計共佔了58.5%。

這部分我質疑的是，久病床前無孝子，家人成員或親友能做到多少呢？這是一個人人都忙碌的時代，長期照顧是很需要專業，又要長期抗戰的工作，有幾人能為？

老後沒有子女且生病需要長期照顧時，可以依靠或幫助的，兄弟姊妹有62.6%，其他（含父母及親友）有37.4%。

這個部分我也很質疑，如果我老了，我的手足應該也老了。他們可能自身難保，怎麼還有餘裕照顧或幫助我？我的父母比我還老（我的爸爸甚至已經走了），照顧我的機率太低了。

無子女，目前經常往來的直系、旁系血親及親戚有一到三位的佔50.6%，四到六位的佔31.5%，七到九位的佔8.8%，十位以上的佔9.6%。

很明顯的是，現代人的人際關係比較疏離。結論也與前幾項的調查相同，受訪者的期望與實際狀況互相衝突。

無子女，目前經常往來的朋友有一到五位的佔68.2%，六到十位的佔23.7%，十一到十五位的佔4.3%。

擔心老後發生意外時，沒有人可以在一小時內趕到幫助的，高達74.7%。

發生意外時，打電話叫救護車就可以解決，但為什麼仍有高達75%的人會擔心無人可在一小時內趕到幫助？

二〇一一年一月十四日，我從就讀的大學圖書館走出來，下階梯時沒注意到前夜下雪已結成冰，因而連摔了八階階梯，當下幾乎痛昏過去。

校警立刻打電話給911，救護車前來為我做緊急處理後，立刻將我送到醫院的急診室。醫生們開始為我做必要的檢查，護士也來照顧。

意外的發生，表示是無可預期或控制，才叫意外。因此，擔心是多餘的。這也表示，我們的文化太缺乏安全感，政府應該在施政上加強完善規劃，提高人民的安全感。

擔心老後臨時需要緊急手術時，沒有人可以幫忙簽署同意書的有56.3%。

當我在美國意外摔傷，被救護車緊急送到醫院的急診室時，醫院人員拿著一大堆書面資料到病床給我簽署，並未要求我的家人或朋友來為我簽署。

同樣地，當安妮塔到醫院動心臟手術時，醫院要她自己簽署手術同意書，以及給保險公司的書面通知。台灣的醫院和政府機構在做很多事情時，都捨當事人自己，而要其他人簽署或作保，讓事情更複雜，更難處理，造成一般人更多的困境。

為什麼醫院不讓病人簽署緊急手術同意書呢？為什麼要捨近求遠呢？我問安妮塔，如果病人病況嚴重，呈現昏迷或失去意識時，誰簽署緊急手術同意書呢？她說醫院會將其註明，先緊急處理，該手術就手術。

而且，醫院不能拒絕沒有錢的人就醫或緊急手術。拒絕給予病人治療在美國是違法的。

有位不常往來的親戚突然生病，接到醫院通知需要幫忙簽署手術同意書時，一定會簽的人只有17.5%。

簽署文件是要負法律責任的，為別人簽署手術同意書就是不合理的做法。這種做法就像台灣早期要分期付款購買電器用品，或向銀行申請貸款，需要保證人作保。結果當事人沒有承擔其責任的話，為人做擔保的人最後可能搞得家破人亡，得連夜舉家逃走，如台語歌后江蕙的爸爸當年就是為朋友作保，對方逃走，江蕙一家人也只得半夜逃離高雄的家，到台北躲藏。

不合理的做法或制度，應該隨時代的變遷而調整或捨棄。我們總不能為那樣的愚笨制度而天天擔心吧！

你坦然接受被照顧嗎？

獨立慣了，萬一需要人家照顧時，可能要經過一番掙扎。

女性的生命中，很多時刻都在扮演著照顧者的角色，「自己」反而被忽略了。

學習被照顧，也是另一個課程。

安妮塔動了心臟手術時，她有兩個照顧她的人，一個是她自費聘請的白天看護，負責照應她白天的所需；小兒子下班後來接班照顧媽媽到天亮。小兒子的角色，除了做晚餐並和媽媽一起吃晚餐，還要幫媽媽洗澡，為媽媽採買食物和必需品，及處理帳單和銀行事務等。

「兒子幫我洗澡時，我坐在浴缸裡，他從頭幫我洗起。洗完全身後，剩下女人最隱私的地方，他說：『媽媽，這部分讓給妳自己做。』」我問安妮塔，她被兒子洗澡，可曾有抗拒或覺得不妥？

「不會。兒子出生後，我幫他洗澡，到他自己能洗澡為止。我生病時，自己無法洗澡，換兒子幫我洗澡。這是順理成章的事情，沒有什麼好害臊或不安的。」安妮塔說。

照顧，不必然是女性天職

安妮塔有兩個兒子，兩個媳婦，沒有女兒。大兒子六十六歲，小兒子六十三歲。害羞內向的大兒子，不會為媽媽做傳統屬於女人的工作，若有需要，他會喊太太貝蒂代替他執行。貝蒂下班後，會幫安妮塔打掃家裡。小兒子會貼身的為媽媽服務，小媳婦偶爾會做點食物送過來，但不會參與照顧者的工作。安妮塔說，每個人的個性和專長都不同，每個人都做自己最拿手的事情，那就夠了。

傳統台灣人下意識會覺得照顧生病的婆婆媽媽是媳婦或女兒的工作。安妮塔沒有這種想法。她只是認為以前照顧孩子，現在自己不行時，換孩子照顧他，那是自然而然的事情。

當我媽媽住院，需要被照顧時，她抗拒掙扎。她也堅持女兒和媳婦應該是來照顧她的人選，不管女兒媳婦白天是否工作。她看不下去兒子白天工作後還要照顧她一整個夜晚，媽媽對兒子的私心，使得自己生病需要照顧時，還被傳統觀念蒙蔽，認為兒子只要來探視一下就行。

女人必須掙脫傳統給予的束縛。女人不一定就是適合的照顧者，男人也許照顧得比女人還出色。

有一天，當自己倒下來，需要別人照顧時，女人要告訴自己：「我沒有選擇。我只有感恩。不論是誰來照顧我，我都歡喜接受。」這樣，會比較快痊癒。

長期照顧知多少

台灣的長期照顧和長期照護至今還不夠完整。目前各縣市都設有長期照顧管理中心，長照的十年計畫採「引進民間」措施作為管理，也就是讓民間參與相關照顧的服務。

在人力資源方面，專業人力供需嚴重失衡。台灣雖有丙級技術士人員訓練，但拿到丙級執照的人並沒有投入人力市場，猜測原因是誘因不足。而學生就讀老年學的高職和大學院校系所的人不多，因專業師資不足，學生也未將長期照顧列為就業優先考慮。

在老人健康中，醫療、個人照顧、社會照顧是三個主要層次，但現在在個人照顧和社會照顧兩部分的照顧系統的人力部分嚴重匱乏，形成極大的挑戰。在本國照顧人員和外籍勞工的照顧者中，也沒有做出區分。

引進的民間參與資源完成如下：

一、居家服務：二〇一〇年，台灣的居家服務共有兩百二十九個單位，二〇二〇年將達三百零八個居家服務單位。

二、日間服務：二〇一二年，共有一百九十一個鄉鎮提供日間照顧服務，佔全國三百六十八個鄉鎮的52%。

三、新型服務設施：二〇〇七到二〇一二年，每縣市至少有一個單位提供失智老人日間照顧服務。二〇一三到二〇一八年，每一縣市將有一家庭托顧服務支持系統。

四、機構式服務資源：補足雲林、澎湖、金門縣等機構式服務資源，設七百九十個床位。因應二〇一五年時戰後嬰兒潮時代老化人口激增，將再增加機構式資源。

長期照護是非常艱辛的拔河工作，人力和錢，都是問題。自己照顧，缺乏專業技能又耗損照顧者，長期照護下來，容易崩潰。台灣面臨照顧人力的嚴重不足，可能與收入所得偏低有關。美國長期照護系統的人員流失快速，連養老院也如此。外國移民或黑人女性擔任大部分長期照護的工作，原因是工作繁重，收入偏低。

由奧地利、法國、德國聯合出品的電影「Amour」（中文片名「愛・慕」）是二〇一三年奧斯卡獎的最佳外語電影。那是一對非常優雅的老年音樂家夫婦的故事。丈夫照顧失智的太太，幫太太洗澡、更衣、餵食……在不堪體力和精神雙重折磨下，還聘請專人到家裡來協助照顧，但看到看護不尊重或忽視、虐待其妻時，就炒了看護的魷魚。照顧的責任，又回到疲憊的老夫身上。到後來，自己也沒有能力繼續照顧了。影片的最後，他用枕頭壓住了太太的口鼻，旋即自殺。

看這部電影時，我的心情非常的沉重。照顧嬰兒和照顧老人，南轅北轍。一個喜悅，一個嘆息。一個希望，一個絕望。一個是長大，一個是衰竭。長期照護有如黑暗的長廊，看不見盡頭。

長照政策的制定

長期照護在台灣的簡稱是長照。長期照護是美國目前最不得力的一環，每個月的價錢從五萬美金以上起跳。

一九九三年，美國有一千三百萬的老人、個人以及殘障者需要長期照護。而其中的60%是六十歲以上的老人，也就是有七百八十萬老人需要長期照護。而其中有一百六十萬老人真正需要住在護理之家或相關機構，因為多數是八十歲以上的老人。他們才是最需要長期照護的一群。

為什麼需要公家來規劃長期照護？首先，這是一個大家都忙碌的時代，每個人都得為生存戮力以赴，無暇照顧需要長期照護的家人；其次是長期照護很昂貴，沒有幾個人付得起那樣的費用。再說，長期照護是很專業的工作，需要專業技術才能做好那些工作。

目前台灣民間若有家人需要長期照護，大致上是以聘請外勞的方式解決。但，有多少家庭付得起聘請外勞的費用？

我的朋友中家裡有兩個老人都需要長期照護的，就有幾個。他們聘請兩名外勞到家裡來，各照顧一個躺在床上的家人。

可是，這些擔任長期照護工作的外勞，就不累嗎？怎麼有人能夠連續、而且照顧需要長期照護的病人二十四小時，而無人接班？或因為她們都年輕體壯，所以，能長期承受這樣的工作？照顧者是否也需要被照顧呢？

美國的私人保險公司有長期照顧保險，範圍涵蓋護理之家。通常需要長期照護者，都在八十歲以上。因此，那些預測自己將會需要長期照護者，在六十歲時，可以開始買長期照護保險。

美國長期照護的支付方式有三種，醫療補助保險計畫（公家）、私人保險公司、自掏腰包。有些有醫療保險計畫（Medicare）的人用短期照護進入護理之家，錢燒光時，則轉入醫療補助保險計畫（Medicaid），以繼續接受免費的長期照護。

當民間在財力和人力上都無法負擔長期照護時，毫無疑問地，這個領域必定屬於公共範圍，是政府必須要籌畫的艱辛工作。

從一九九三年台灣第一次進入高齡化社會至今，已經二十年了。這二十年之間，政府在因應老年社會上的措施，離已開發國家仍有很大的差距。我們沒有在骨幹（政策）上努力，反倒是在枝葉（表揚人瑞，重陽節發黃金、零用金，給還有自理能力的老人送餐……）上琢磨，本末倒置，純粹以討好選民為主的懶惰做法，對老人沒有實質的幫助，應該釜底抽薪，重新檢視政策是否跟得上時代。

Part4

維持健康的要素

飲食和運動，健康的基礎

均衡與安全的飲食

人要健康因素很多，飲食和運動，佔了最大部分。其他的是保持樂觀和正向思考，增強社交能力，養成良好的生活習慣等；也要有好的環境工作和生活，包括新鮮的空氣、乾淨的水質、充沛的陽光。

根據美國調查，老人在飲食方面比年輕人還健康。年輕人外食多，常隨便吃；而老人在蔬菜和水果的攝取，維持一天五種以上，甚至是七種到十種之間的量。

隨著年紀增長，老人吃的蔬菜水果也更多。不過，老人需要的蛋白質，其實比年輕時的量還高。因此，肉類等蛋白質來源，還是不可少。如果是素食者，就得增加豆類，以維持身體對蛋白質的需求。

當有毒食物的新聞層出不窮時，台灣各地的人都憂心忡忡，怕自己和家人平時吃了太多有毒的食物而不自知。尤其是那些「老外」，天天三餐和宵夜都是在外面吃的，更加的不安。

嬰兒潮世代的台灣人飲食方便，應該比上一代的人還健康。且因為教育普及的關係，知道哪些食物是不健康，哪些烹飪方式會破壞食物。我的父母雖然長期吃自己種的有機蔬菜和水果，但他們也如傳統的台灣人一樣，太過勤勞，會醃製食物，而且早餐桌上，非有醃製食物不能入口。

醃製食物和癌症畫上等號。大火煎炸，易得肺癌。要吃得健康，在下箸前，得思考一下。即便有毒食物的新聞在電視不斷的重播，到夜市走逛時，仍看到人山人海湧入夜市，幾乎每一家飲食店的生意都很好。人們或坐或站或帶走，毫不猶豫。一個移民美國幾十年的台灣朋友憂心的表示，她回台灣時，總是不敢到夜市吃東西。「是很吸引人，但我得克制。衛生考量第一。其次，食物來源也許有問題。」

你天天運動嗎？

根據研究，台灣老年人有50%運動量不足。不足的原因來自沒有養成運動習慣，以及台灣普遍缺乏地方上的運動場所。

公園、學校、植物園……只要有空地，台灣到處都有人早起做運動。早上，這些場合是中老年人的天下，太極拳、外丹功、坐禪、氣功、跑步、走路；晚上，是下班或放學的年輕人天下，可以跑步或騎腳踏車。

我住的梅崗城，才十萬人口，公園多到不可勝數。走幾步，轉個彎，就有公園。單就我住家附近，有十來個公園。

但美國人沒有在公園運動的習慣和文化，公園沒有門，但有些公園規定，晚上十二點後到早上六點前，不得進入。

美國人的運動也和台灣人不同。走路、慢跑，是在街上或操場進行的，猶如騎腳踏車一樣；其他的有氧運動或無氧運動，則習慣在健身房或自己的家完成。

人的運動與年紀相關。年紀愈小者愈愛動，所以，小朋友的運動量最高；年紀愈大者，愈不愛運動。智慧型手機問世後，愛運動的人，變成低頭族；不愛運動的老年人，仍然坐著看電視。

運動的好處很多，可以預防心臟疾病、癌症、中風、第二型糖尿病之外，還可以減緩骨質疏鬆、關節炎、憂鬱症，並讓睡眠品質更好，提高記憶力。當然，也使人更年輕。

一個人老後，要提醒自己，每天都要做運動。不論是什麼樣的運動，每天三十分鐘到一小時，輕而易舉，可以在家裡做，也可以到外面做。如果覺得做運動很無聊，可以聽ＭＰ３，邊走路邊聽故事或唱歌甚至聽電台節目，邊聽邊騎腳踏車，不知不覺中，兩個小時就過去了。

我很愛運動，我覺得運動很有趣。運動後，全身的感覺很舒緩，很舒服。我到植物園運動時，認識了很多人，有些人很熱情的邀約我進入他們歸屬的團體做運動。有些人則會分享他們的健康訣竅。有些人更在運動後會邀請我一起早餐。

在美國的大學讀書，不論多忙，我每週固定打桌球四次。週末時，我會打網球，也慢跑。大學裡有游泳池，住家附近的私立大學也將游泳池免費開放給社區人士使用，所以我可以在兩所大學的游泳池游泳。我的運動量那麼高，除了我自己喜歡運動之外，更重要的原因是，美國的醫生費用高不可攀，不能生病啊！在台灣時，我走一個小時的路回家或辦事情，是常有的事。

運動，一舉數得

運動不只是運動，運動的場所也是交朋友的地方。什麼樣的朋友都可能進入自己的生命，並豐富自己的視野和智慧。

運動也是控制體重最佳的方法之一。肥胖會帶來高血壓、高膽固醇、第二型糖尿病、冠狀心臟病、心血管疾病、中風、阿茲海默症……

要活就要動，所以最好把運動變成好玩的日常活動。要不然，也可以每天沿著街道走，一條街道走過一條，用走路取代公車、捷運和計程車，也會得到一樣的運動效果，而且還可順便熟悉每條街道的文化，一兼兩顧。

怕生病，就運動。怕手術，就運動。討厭吃藥，就運動。要健康還是要生病，這是自己可以決定的事情。如果不知道可以做什麼樣的運動，又害羞不善交際，就隨便加入早晚一個運動團體，試試看，喜歡就留下來繼續做，不喜歡就換一個團體。你會發覺，自己的朋友版圖擴大了，日子也過得更快活。

旅行讓你遠離醫生

相不相信，愛旅行的人更容易健康？

旅行時，離開了自己熟悉的環境，人的心情自然放鬆，好奇心大增，忙著探索那些未知、或吸引自己的人事物。

旅行的地點，可以是住家附近，徒步旅行，你會看到平時沒有注意的有趣畫面，碰到有趣的人，有趣的事物。

旅行的地點，可以是國內，也可以是國外。輕鬆的去，輕鬆的回來，不必計較到底要去哪兒旅行，也不必在乎究竟花了多少天，或非得看到什麼不可。

帶著沒有目的的心情旅行，你會發覺，生命如此美好。

我在家附近的美容院理頭髮，美髮師告訴我，她的丈夫在西門町賣鵝肉，兩人平時努力工作，沒有什麼愛好，唯獨旅行。

「我們每星期一定要旅行，選個地方就去，覺得好玩。每年我們都會連續休十天假，兩人參加旅行團到國外旅行去。我們已經去過幾十個國家了。」我問她熱愛旅行的背後，有沒有感動人的事情。

「我的公公婆婆也熱愛旅行。公公投資得宜，婆婆賣鵝肉到五十歲退休，兩人開始專業旅行。他們的足跡甚至到了俄羅斯及南極和北極，有時一去就五十天，兩個人走過八十八個國家。公公八十多歲辭世時，都沒有生病，只是到醫院兩天，就走了。婆婆也沒有病痛，八十八歲時，也是到醫院一下子就往生。就是旅行，讓他們心情愉快，沒病沒痛，也沒有給子女添增麻煩，自然的結束一生。」

人家說，好死不如歹活。我的看法相反，躺在病床上，意識清楚知道自己是誰，身體卻動不了，哪裡好？好死，其實是人到晚年最夢寐以求的。

五十幾歲，來我家油漆的王先生，和他做衣服的太太，從三十歲就開始旅行。「我沒有不良嗜好，也沒有其他興趣，除了唱歌和旅行。我們每天很努力工作，常常加班，都是超時工作。但我們一定安排每年兩次到國外旅行。我和太太帶著兩個孩子和父母及岳父母，再加上一些朋友參加旅行團。我們去了一百多個國家，腳步停不下來。我們不會說英語，但不影響我們旅行的心和行動。我們到了義大利，還到歌劇院聽歌劇，不懂歌劇，但我的心當下很感動，到現在都還有很強烈的感覺。我們一家人都很健康，愛旅行的人是不生病的。」

我上過許多電台節目，記憶深刻的是，有一次一位主持人告訴我，她長年生病，體質很糟糕。我建議她去旅行。後來她證實旅行對健康的效益。「去旅行時，那些病痛都自動消失了。連慢性疾病都獲得改善。」後來她愛上了旅行。旅行讓她遠離藥物，也遠離醫生。

旅行，是心境

從小我就愛旅行。我愛一個人背起背包到處走。國內國外不打緊，旅行時心境是開闊的，腦袋瓜是放空的，雙腳是走不停的，食欲好到什麼食物都可以入口而且非常享受那樣的美味。

在台北的朋友與我相約見面時，他們不知道，其實每次來回，我多數都是用走路的。走路，就是城市旅行。走路時，東看西瞧，非常自在。黃越綏聽到我從忠孝東路四段走到國賓大飯店和她一起晚餐時，嘴巴都張大了。當然，晚餐我也吃得比她多。兩人分手後，我又從國賓大飯店沿著中山北路走回植物園的家，雖然天空下著雨，但對我而言，那是美麗的夜晚。

在華山文創和符慧中相聚後，我穿過無數的街道，再沿著中山南路踽踽獨行，穿過以前的新公園，如今的二二八紀念公園，又經過總統府，走過孫運璿的舊居，再穿過植物園回家。

很多人以為要有錢才能旅行，甚至以為旅行的人都是中產階級或有錢人，其實那是被自己的想法限制住了。

你要相信自己，給自己一個旅行的機會，把緥緊的神經放鬆下來。你會健康的。

如果我是醫生，我給我的病人的處方是去旅行。不過，我可能因為這樣而失業，因為我的病人都健康了，他們都成為自己的醫生了，我這個沒有病人的醫生也只好去旅行。

沒錯，台灣醫生的平均壽命比一般人短十年，你知道嗎？他們太忙、太操、太緊張，也老得太快。錢賺得多，住豪宅，開大車，卻不能去旅行，只有一句話：太可惜。

性不性，有關係

老人性事貧乏，原因眾多

東方人不好意思談性，尤其是老年世界，談性，可能被人家說是老不修。談性，也易被說成好色之徒，尤其是女性，避而不談性。但性，卻是老而不休，而且對健康大有幫助。

根據一九八四年的調查，七十歲以上的人口中，59% 的男性、65%的女性仍有性行為，其中的半數每週有一次性行為，有部分是婚外性行為。

疾病影響老年人性生活的頻率，包括高血壓、糖尿病、心臟病等各種慢性病、當癌症的比例上升，手術治療的人數比例也增加。

另根據《康健》雜誌在「40+專刊」所做的調查結果顯示，台灣的老年人不嚮往浪漫戀情。一般人在失去老伴後態度相當保守消極，高達73.85%不願意再找伴。儘管這些喪偶老年人的子女中，有68.83%舉雙手贊成父母失去老伴後再談戀愛，老年人也興趣缺缺。

台灣老年人在性生活方面，高達六成沒有性生活。每增加五歲，老年人的性生活就一路往下溜，跌率從30%、38%、50%到53%，急速降落。過了七十一歲後，因為喪偶、沒興趣及自認不需要，沒有性生活的現象更嚴重。

根據愛情學專家、淡江大學中文系教授曾昭旭在《康健》雜誌「40+專刊」中的分析，很高比例的年長者失去老伴後不願再談戀愛或找伴，尤其女性在生活方面是雙重付出者，需參與賺錢養家與照顧家庭，比較累。當老伴過世後，反而得到解放。有些女性說，才剛送走一個老爺，還要再找一個老爺來服侍嗎？才不要呢，喪偶後自然會延緩再找伴的意願。

相較於女性，研究發現，男性喪偶後會很快再婚，因為生活沒人照料，這跟談戀愛不同。

曾昭旭分析，台灣六十歲以上有性生活的人比例不高，與台灣社會風氣未開有關。性在傳統文化上多少有負面、汙名化的印象，好比我們說「臨老入花叢」，夫妻敦倫也是為了傳宗接代，具功能性，還沒具備充分享受性愛的生活態度。

在生理上，老年男性體內的男性激素減少，男性的精液變得稀薄，量也減少，射精時的壓力降低，精液緩慢流出，和年輕時如水柱般射出不同。此外，攝護腺變大了，高潮時，骨盆腔底的規律性收縮也降低了。

七十歲以後，老年男人的睪丸體積變得較小，硬度也比年輕時軟。十二點鐘，已成歷史；更慘的是，某些疾病和藥物可能造成影響，以致硬度成為六點鐘。另外，性交時，睪丸也不會主動往上收縮。

這是老年男性在性事上會面對的「男性尊嚴」衝擊。

老年女人的性事，則是心理比生理因素大。女人四十歲以後，雌性激素開始下降到六十歲。因為雌性激素下降，陰道也變薄，年輕時有許多皺褶已成歷史，潤滑液分泌也減少。酸性分泌物減少，感染也會增加。乳房漸漸萎縮，變小了，腺體逐漸纖維化，彈性也消失。此外，雌性激素降低，則會增加骨質疏鬆症的可能，骨折及肌肉痠痛的機率也上升。

在社會和心理上，影響老化程度的原因，包括文化背景和思想潮流都會有所差異。心理上認老，認為自己ＬＫＫ，性事上的頻率自然遞減。

統計上，老年人的性行為隨著年齡增加而下降，呈反比的現象。原因包括喪偶（失去性伴侶）及慢性疾病，如因罹患糖尿病而停止性行為。台灣老年人要培養尋偶的能力，一些交友網站可為老年人提供社交管道。

性愛，為生活帶來能量

老年人的性行為頻率高低，還受到兩性互動和喪偶所影響。大部分老年人的性生活習慣，是延續年輕時所建立的模式而來。如果年輕時性生活的經驗是關懷、溫暖及滿足，進入老年時，仍可保有原來兩人之間親密的溫馨和滿足感。反之，若年輕時，性行為沒有給自己帶來快樂和遐思，反而是痛苦或不適，那麼，即便有偶，也會以生理改變作為停止性生活的藉口。

退休帶來生命的大改變，也在兩性中起了巨大的變化。當兩個人都在家裡，誰該做飯，誰該拖地，誰該洗衣，甚至，萬一兼職當保母，誰需要照顧孫子也都會引起衝突。間接性的影響了老年性生活的品質或頻率。

根據研究，喪偶的男人比女人沮喪程度更高。可能是男性習慣依賴女性，從日常生活、購物、到人際交際不一。喪偶後，男人頓失所依，又缺乏做家事的能力，生存力大減，因此男人喪偶後，不論台灣或美國，再婚的時間很快，機率也很高。

根據調查，擁有性生活的老人，較少沮喪，連使用抗憂慮藥物的比例也降低。

性生活，一如年輕人生物機能的原始動機需求，老年人亦如此。何況性事，超越性的本身，那是與人之間的接觸，對愛和生命感受的互動。停止性生活，容易帶來孤立和絕望。有性生活的老年人，主觀與客觀上，都給人快樂和健康的感覺，實際上也如此。

文化差異

相較於台灣老人在性事觀念上的保守，美國老人在性活動上比較活躍和繽紛。

美國男人，不分年紀，結婚的人比女人多。所以，男人保有性生活的比例比女人高。老年男人在選擇女性時，會考慮對方是不是喜歡性活動，會以性生活活躍的人為約會或再婚的對象。女人在喪偶後，對異性的門很少再打開，就沒有了性生活。一個人老後或單身，或再次單身，性生活常常變得可有可無。原因之一是沒有對象。當然，心境轉空也有關係。

美國在老年性事上的研究不少。一項針對一千兩百九十二個六十歲以上的人調查，48%的人每個月至少有一次性活動（其他管道的性）。至於有伴侶者，80%的人聲稱他們有性生活。相信嗎？31%的美國人自覺老年性生活在身體上，比以前還好。還有四分之一的美國老人認為，當下的性在情感情緒上的滿意度，比起四十歲時還高。31%的老年男人和17%的老年女人報告說，他們在做愛做的事上，情感感覺良好，這部分的收穫不少。

有超過80%的人宣稱，做愛不只是體能和情感上的流動，還包括幽默、好身體帶來的好健康，甚至在智能上都大有斬獲。

不過，老年男人和老年女人在性事上的看法還是南轅北轍。78%的老年男人覺得做愛很重要，但只有50%的女人認為做愛很重要。美國老年女人的這一個觀點，與兩性專家黃越綏的理論不謀而合。這也導致老年女性在喪偶或單身時，尋找伴侶的意願較低。高達82%的女人認為金錢很重要，也許老年女人需要安全感，所以金錢往往比性重要。

美國退休協會AARP於一九九九年曾針對一千三百八十四個四十五歲以上的美國人研究並發現，67%的男人和57%的女人都認為良好的性關係是高品質生活的地基。而且，那些人還認為他們的伴侶是他們最好的朋友。到老年，那票人還覺得他們的伴侶吸引他們，無論是在外表、體能上都深深的讓他們著迷。

美國諸多的研究還同時指出，老年男人認為做愛很重要的比例比老年女人高。難道是身體結構不同，還是情感上的認知不一樣，或是女人比較沒有對自己的身體進行開發？

威而鋼和幫助女性做愛時濕潤的潤滑劑，在提升老年性生活方面，有不可抗拒的魅力，可以大方的接受。

今天做義工了沒？

一項針對美國退休人做的研究中，其中一題是：第一年退休最重要的是什麼？答案是做義工和探訪親戚及朋友。退休五年後再做研究，答案還是一樣。

很意外嗎？退休後的夢想不是遊山玩水，而是做義工。為什麼呢？因為做義工讓人找到活著的意義。這個意義，讓人有繼續活下去的動力，而且活得很有價值，自我感覺良好。

那麼，遊山玩水不好嗎？不！遊山玩水也很棒，但天天遊山玩水之餘，也會想要做有意義的事吧！會想要服務人群，讓社會更美好，就像美國梅肯研究中心做的「成功老化」定義，退休後做義工，是「成功老化」的要件其中之一。反之，天天遊山玩水，就少了「成功老化」的感覺。

總統夫婦，做義工跑遍世界

在美國總統任內，卡特不是出色的總統。他的格局小，只是將他在喬治亞州政府的一些班底移到白宮，因此沒有太大作為，以致沒有連任成功。這是我的美國朋友們的說法。

雖然如此，但他是美國歷任卸任總統中最出色的人。他為世界的和平奔走，在美國境內為窮人蓋房子。與其說他是政治家，不如說他是人道主義者，更為貼切。

五十六歲卸任後的卡特總統回到他出生成長的家鄉，只有六百多人的喬治亞平原鎮（Plains，大陸翻譯成波萊茵斯）小鎮定居。這麼小的小鎮，居然還是高雄市的姊妹市，如此的巨人和小矮人邦交，也是有趣。

當我讀到愈多卡特總統的和平主義與人道主義事蹟後，開始對他個人產生興趣。他從十八歲就在他的教會教主日學迄今，而平原鎮離我居住的梅崗城開車約莫一個小時左右，因此，我偶爾就到他的教堂聽他的主日學課程。

八十幾歲的花生總統，穿的是舊衣服，臉上的皺紋、笑容，以及他那當農人的粗糙手掌，都因近距離而讓我看得一清二楚。他是一個和我的爸爸一樣樸實的人。

根據教會的人說，卡特總統卸任後，還是繼續為教會的草坪割草，而教會募款的木盤，也是卡特總統自己做的。

「卡特總統進來時，請大家不要站起來，也不要鼓掌。他是來分享他個人讀經的心得，而且他也不是總統了。禮拜結束後，想和卡特總統和他的太太羅莎琳一起拍照的人可以在教會外面的草坪排隊。」在主日學開始前，教會的人會給客人一個會前會，也讓客人提問問題。

不簡單吧，卡特和羅莎琳兩人於一九八四年在紐約加入了「國際仁人家園」（Habitat for Humanity International），為窮人蓋房子，每年這對夫妻捐出一星期的時間在世界各地為無殼蝸牛又是窮人者蓋房子迄今。卡特夫婦方案（Jimmy & Rosalynn Carter Work Project）吸引了不少的人加入蓋房子當義工，三十年來如一日，如二〇一三年十月將在美國加州的奧克蘭、聖荷西，科羅拉多的丹佛及紐約市為窮人蓋房子。二〇一一和二〇一二則為被嚴重地震侵襲的海地靠海城鎮蓋房子。二〇一〇則是美國境內，包括華盛頓特區、馬里蘭州的巴爾的摩、安那波利斯，明尼蘇達州的明尼亞波利斯、聖保羅，及阿拉巴馬州的伯明罕等。再往前推，二〇〇九年則很國際化，而且集中在亞洲國家，包括泰國湄公區域、中國、柬埔寨、寮國和越南等。

像他們這樣三十年不間斷的在世界各地為窮人蓋房子，一點也不顯老，我當然對這樣的不老人興致勃勃。

卡特夫婦平時住在平原小鎮，卻也常在世界各地奔波。一對鄉下人，眼界和胸襟卻彷彿無邊，他們的世界也很大，沒有受到地域或國度的限制，來去自如的為和平、人道而努力。

羅莎琳除了與丈夫一起蓋房子，她還在要進入平原鎮之前的一個古典小鎮阿美麗卡（Americus），成立了卡特．羅莎琳照顧中心（Rosalynn Carter Institute for Caregiving，簡稱RCI），專門培訓和培養照顧者，如照顧家人（照顧老人和小孩及殘障者），或專業照顧者等。

卡特夫婦離開白宮後，不只做志工，也寫書。夫婦兩人各別出版多本書籍，將他們的理念透過書本傳達給世界各地的讀者。這樣的晚年，不只是夕陽無限好。

一個才六百人的小鎮，因為卡特總統的卸任後名聲繼續走高，讓旅客從世界各地飛來。平原鎮因卡特而揚名世界。

卡特總統夫婦是我學老的對象，這樣的信念，從我第一次和他們面對面、眼神相接時就自然產生了。老年，不只要活得優雅，還要活得精采，活得無限寬廣。

美國義工滿天飛

當我上美國成人高中時，我四十八歲。當時我考過成人高中規定的四科考試，包括數學、英文寫作、科學（包括生物、物理、化學、天文學、健康教育、環境科學、解剖和生理學）、社會學（包括美國歷史、地理、美國政府、經濟、美國公民、政治科學、文化、心理、社會）。

在台灣，文史科目是我的拿手，只要翻一翻書，就可以考很高分，連背誦都不必，好像子彈會自動上膛發射。但在美國，居然像白人剛從歐洲移民美國時所帶來的傳染病屠殺了基因單純的美國印地安人似的，我也被那些傳染病給宰了。而在台灣永遠不及格的理科，包括生物、物理、化學和數學，在美國，竟然死而復活。這樣的大逆轉，實在不可思議。

在美國，我整個人倒轉過來，好像變性人一樣。優勢變弱勢，弱勢反倒成了優勢。所以，數學第一個衝過關，科學方面，當時也在讀高中的女兒為我惡補了一個寒假之後，也一次就搞定。

社會學主要在訓練幾種技巧，包括良好公民意識、批判性思考、解決問題能力、世界主義和保存等。因為缺乏美國文化背景，加上英語能力的不足，我失敗兩次，到第三次才及格。

最後一科是英文閱讀，我已經考兩次了，也失敗兩次。在那樣的連續失敗下，我雖然很沮喪，但是，我積極的要給自己找到一個出口，希望能夠在就讀的學院找到一對一的家教義工。

我先碰到一位八十歲義工，她是小學退休老師。我請求她教導我，她點頭了，馬上帶我到她車上尋找適合我讀的書。從那時起，她變成我白天的閱讀啟蒙家教。

接著我還注意到一位中年女士潘，晚上總是拉著一個行李箱到學校來。後來，她成了我夜間的英文閱讀家教。

潘是工程師，已在成人高中擔任義工家教幾十年了。每週二、四晚上，她擔任數學家教，但也喜歡閱讀。後來潘自掏腰包購買適合我的程度的英文書給我，晚上我就在潘的幫助下，進行閱讀。除了家教，她還在某間學校擔任學生的精神導師。

沒有英文閱讀家教時，我就回到成人高中教室，試著從成人高中老師那兒挖些英文閱讀的寶。

潘和我兩人共同的興趣都是閱讀繪本童書，藉著教我英文閱讀，私底下，我們有了更進一步的友誼，有時候我還到她家過夜，我們成了好朋友。

在兩位義工家教的幫助和自己的努力下，英文閱讀後來重考兩次才及格。

總之，一年半之後，我終於通過成人高中五科的考試，不久就收到州政府寄來的美國高中文憑了。

做義工，也幫助自己

在美國居住愈久，認識的美國人愈多，我愈是發覺，美國人做義工或志工的風氣很盛。他們從小就被教導或帶著去做義工，義工也成為他們的生活之一。退休人士更是志工的主力。由於當志工，美國老人交的朋友更多，也活得更起勁。

像安妮塔，沒有參與任何義工組織，但她每星期固定時間開車接送一個七歲就失去依靠，與她沒有任何血緣關係的女人到超市採買食物和日常用品，數十年不間斷。

當義工，更能看到自己活著的價值。為社區、醫院、博物館……做義工，是美國的重要文化之一。我在美國常出席UU教會（Unitarian Universalism，一神普救派，接受宗教多元主義的非教義宗教，以靈性成長和關注地球環境為主）的禮拜，那兒的人，不分年紀大小，都積極的參與社區的義工。甚至有一群人共同研究社區廣場公園的歷史，將其記錄在小鎮的歷史檔案中。

有些人每星期到食物銀行（Food Bank）為遊民或窮人服務，烹煮食物。美國人擔任義工或志工，是人生的必然任務。

星期日的早上，我通常也在梅崗城的一個教會為街友做早餐，並陪他們用餐。

美國老人獨居不孤單，不寂寞，擔任義工使其生命更豐富。

回饋社會

在台灣，四年級和五年級的人是最幸福的族群。童年窮，拚工作，買房買車或旅行，幾乎是只要努力，要什麼就有什麼。

這麼幸運的人，更應取之於社會，用之於社會。至少，嬰兒潮的生命歷練豐富，歷經貧窮與富裕，絕對可以當年輕人的精神導師（mentor），啟迪年輕人的思維與生命。

回饋讓人更年輕

在美國，有一個非營利組織叫做「大哥大姊」（Big Brother and Big Sister, http://www.bbbs.org/site/c.9iILI3NGKhK6F/b.5962335/k.BE16/Home.htm），就是要引

導小朋友走向光明健康的道路。潘雖然是工程師，但她每週午餐時仍撥出時間和一個出身單親貧窮家庭的小學女孩共餐。在共餐時，潘聽小女孩說話，也將她從原生家庭得來的錯誤觀念導引到正向之路。

實際上，我在美國讀書這麼多年來，安妮塔一直是我的精神導師。當我受到美國文化衝擊或在中西文化之間掙扎時，她為我解惑。當我和自己的媽媽衝突時，她也引導我，告訴我我的媽媽的思維及其生存年代和台灣的整體發展有關，塑造我媽媽保守的思想和對待子女的態度。她用自己的智慧，引導我到我要的方向。（請參見《我的肯定句媽媽》，寶瓶出版）

對我來說，安妮塔是我人生偉大的精神導師。

回饋社會的方式有很多，貢獻所學，支持年輕人，擔任志工、捐出財產……安妮塔的方式也是一種。

林俊義花很多時間在「新頭殼」部落格一再重寫〈活出淋漓盡致的生命〉故事，用最誠懇的態度重新訴說生命的種種。「剛開始是為我的孩子潦草寫的，態度很傲慢。後來，我用心去寫，用心說好人的故事，希望年輕人看到生命的發展與過程真正的一面。我一直以感恩之心對待生命。希望可以用來影響年輕人對生命的看法與價值。」林俊義表示。

美國《時代》雜誌將在台東中央市場賣菜的小販陳樹菊選入了二〇一〇年最具

影響力時代百大人物。《富比士》雜誌也將陳樹菊選入二〇一〇年亞洲慈善英雄人物。陳樹菊的名字，一時之間，成為台灣大街小巷的招牌。

美國《富比世》雜誌公布二〇一二年度的「亞洲慈善英雄榜」，四十八位人選當中，台灣有四位入選，除有「男版陳樹菊」之稱的清潔工趙文正上榜，其他的三位都是企業家，包括長榮集團創辦人張榮發、奇美創辦人許文龍、王品集團董事長戴勝益。

二〇一二年二月張榮發宣布在自己百年後，將全數財產捐給張榮發基金會。張榮發的財產有多少？《富比世》幫張榮發估算過，他個人財產的淨值大約為十八億五千萬美元，折合台幣是五百五十五億元。張榮發基金會目前每月花費一千萬元台幣支持慈善專案，每個月還免費發送三十六萬份的《道德月刊》來協助社會風氣的改善。

被譽為「全世界私人博物館中規模第一大」的奇美博物館新館，寄居在奇美集團位於台南工業區的大樓內多年，在許文龍堅持下，免費開放給所有的人參觀，以提升大家的人文素養。光是硬體就花二十億台幣打造的奇美博物館新館在台南都會公園已經完工，比原館大五倍，每年將可吸引一百萬人參觀。二〇一二年五月，奇美宣布，新蓋好的奇美博物館將捐贈給台南市政府。奇美博物館收藏了一千多把名琴，每把名琴都是千萬元起跳，甚至有高達兩億元的名琴。名琴如此昂貴，但許文龍慷慨的將它們出借給不少的音樂家和學生，征戰全球音樂廳。

戴勝益的一篇文章〈我為何斷絕孩子的退路〉，在網路上被瘋狂轉載。把財產捐出來，是他愛孩子、鼓勵孩子自己開創自己道路的方式。他在公司公開上市之前，便已決定捐出財產的八成，估計大約三十億台幣，成立慈善基金會。戴勝益的「王品戴水基金會」也提供獎學金，支助一萬個貧窮家庭的小孩。另外，在王品集團內，戴勝益還設立「戴勝益同仁安心基金」，作為「同仁失去工作能力」時，照顧其一生的基金。而且，戴勝益也提撥一筆龐大的資金援助低收入戶。

住在台中烏日，六十八歲的趙文正平時擔任工廠清潔工，下班後做資源回收。他不只要撫養五個小孩，每個月還堅持捐出四分之三的收入做慈善捐款。一個收入微薄的清潔工，在三十多年的歲月中，居然捐款超過四百萬台幣，怎不教人感動！

冷莉萍的父母冷興發和冷鍾玉惠原是賣豆漿的小販，三十多年前五十來歲時開始認同慈濟證嚴法師的「蓋醫院救人」的理念，就死心塌地的跟著聽法，捐錢，擔任志工。冷興發過世後，他的大體也捐給慈濟大學作為醫學生解剖用。如今，冷鍾玉惠已經八十多歲了，還樂此不疲繼續在慈濟擔任資源回收的志工。她的生命因為捐款助人和擔任志工而更豐富、更完整，不但讓地球更乾淨，也救助陌生人的生命。

像冷鍾玉惠這樣年紀，或更低更高者在慈濟裡比比皆是。有的人將花蓮靜思精舍當成自己心靈的故鄉，或住在那兒，以便天天到醫院擔任志工。有一位七十四歲的李先生是台北士林人，他換地方就不容易睡覺，為此終生沒有出國，但他卻到靜思精舍擔任志工，每個月去兩次，每次住三天兩夜。「折磨一段時間後，終於能睡著。以前看人都不順眼，當志工多年後，心性改了，看人覺得很可愛，還會主動和陌生人聊天，協助人。」

在植物園，坐輪椅的八十八歲李先生說，他的一位九十二歲朋友天天在行天宮（恩主宮）做志工，看起來年輕又快樂，走路步伐輕快。我猜他的朋友可能是那些穿著藍衣為大眾收驚或打掃清潔的人。李先生還說：「老人最怕整天待在家裡沒對象說話，沒事可做，那樣腦筋退化得快，也老得更快，很快就被老年失智症抓住了，想逃也逃不掉。」

回饋不分國界

看看西方到台灣傳教的那些人，即使年紀很老了，還是為台灣偏遠地區奉獻。想想羅慧夫醫生（Dr.Samuel Noordhoff），在台灣行醫四十年，為馬偕醫院創辦了全台第一個加護病房、灼傷中心、自殺防治中心、山地巡迴醫療車、小兒痲痺重建中心及唇顎裂中心……一九七六年羅慧夫成為長庚醫院創院院長之後，又創下許多紀錄，包括開設顱顏中心、顯微中心、美容中心等。他禁止醫生收紅包，覺得那是不道德的敲詐行為，開啟台灣醫生不收紅包的文化，並且嚴禁醫院醫生在外開業。羅慧夫認為醫生應花時間進修，增進醫術，不能故步自封，當然不可在外開業賺錢。

台灣每年有六、七百個唇顎裂的孩子，他們說話時嘴巴會漏風，被人歧視。羅慧夫醫生為此特地回美國醫學院再進修兩年，回到台灣幫助這些需要多次手術修補信心的孩子。平時，羅慧夫醫生就常自掏腰包幫助貧窮孩子的手術。一九八九年，他堅持，「一個唇顎裂手術只需要一到兩個小時，卻可以重建孩子一生」的信念，更把畢生積蓄三百萬元掏出來成立「羅慧夫顱顏基金會」，呼籲大家重視人性尊嚴，幫助無數唇顎裂暨顱顏患者及貧窮的孩子。

一九九九年，七十幾歲的羅慧夫退休了，他和妻子離開台灣返回美國養老時，畢生奉獻給台灣的他卻窮得連買車的錢都沒有。即便如此，他沒有停止腳步，將關懷重心轉移到亞洲的越南、柬埔寨等比台灣醫療資源更匱乏的國家。二〇一一年，八十歲的羅慧夫回到台灣，帶領基金會的醫療團隊到蒙古醫治當地人。他呼籲資源不能留在台灣，應擴大到其他落後國度。「補他的臉，其實是補他的自信。」羅慧夫將這樣的觀念帶給台灣人。

彰化基督教醫院的蘭大衛、蘭大弼醫生父子，將自己奉獻給台灣六十八年。退休時，父子倆都將退休金全數捐出，兩袖清風的回英國養老。

開啟台灣人學習英語的《空中英語教室》創辦人彭蒙惠女士在台灣的時間比我還久，她也為台灣的英語教育奉獻了一生。

符慧中在房地產業經營多年有成後，不但支持小農種植有機蔬菜，同時還支持年輕人創業，拿下英國由街友販賣、非常具有國際視野的《大誌》（*THE BIG ISSUE*）雜誌台灣代理權。《大誌》不但將內容本土化，同時幫助無家可歸的街友透過在捷運站販賣雜誌，而擁有收入，進而有能力租房子，脫離無家可歸的處境。

鄭文嵐和鍾碧娟退休後，除了投入社區大學的義工，還聯袂到緬甸義務教中文。

在芬蘭，許多七、八十、甚至九十歲的人為小朋友的生日演奏音樂，或到各地為人演奏，帶給大眾歡樂。那些人不只自己活得快樂，也覺得自己活得有價值。在美國，做義工或志工，更是人生之一大事。在西方，老年人被視為獨立的「人」，他們隨「心」所欲，不受家人或子孫限制。

做義工或做志工，在台灣愈來愈多了。而企業家也漸漸地體會到，取之於社會，用之於社會，對自己也對社會和國家更有用處，這也使得台灣的社會更美好，個人的生命或家庭也因此成長更多。

對人生的滿意度

我父母那一輩的台灣人特質——樂觀知足，渴望社交。

《康健》雜誌在「40+專刊」上，對台灣老年人所做的調查如下：

從「回想這大半生，你最後悔的是什麼」來看，「一生無悔」的比例最高，因為經歷過戰亂、日本統治、經濟生活貧乏，六十歲以上的人較為知足。

其次，有三成「後悔對子女的教育不夠或方法不對」，因為這個世代受到華人文化價值觀影響很深，較重視子女教育，自己省吃儉用，希望提供子女更好的讀書環境，即使子女長大後仍繼續擔心。

我問八十八歲的李先生對自己的人生滿意否？他連稱：「滿意極了，一切都按照我要的在進行。我歷經生意失敗，沒放棄，繼續翻兩番。」

「台語說，做雞要礬（台語唸ㄑㄧㄥˋ），做人要翻。意思是雞要用爪子去挖土地，就可以挖到蟲子吃。做人要向雞看齊，要挑戰自己，不要做死領薪水的工作。我的一生都依照雞理論而走，活得很有意思。」李先生覺得自己的一生是由自己決定的，也靠自己的意志完成了，「很滿足！」

談到什麼最重要？李先生說老人一定要有錢和有伴。這個伴，指的是老伴和二十四小時照顧的外勞。旋即他又補充，健康最重要。可是，若聽他繼續講，智慧是淩駕其上。

知足常樂

已過一百歲的鄰居林春朝先生說，哪有不滿意的道理？如果能知足常樂，當然就會滿足和滿意了。喜歡登百岳，又曾是登山團的隊長，從四十幾歲登百岳到七十歲，接著又環遊世界，並且享受天天閱讀之樂，林春朝對百歲人生是滿意極了。

有一天，我閒來無事和林春朝先生聊天時，順手幫他的兩隻小腿一路按摩到腳底，發現他小腿結實的程度比許多二十幾歲的年輕人更甚。按摩完小腿，我又幫他按摩手臂，也是十分精實，不得不讚嘆老天造人的完美和自己創造自己的偉大。

九十四歲的黃女士十四歲時父母雙亡，和弟弟從福建福州過海到台灣謀生，二十歲時被也是姑姑的婆婆作主，嫁給表哥。當她大腹便便時，表哥突然消失，七年後現身，說他當年隻身到日本，也在那兒與日本女人再婚，育有一女，後來日本太太拋下女兒，帶著細軟離家出走。他只得聘請人家照顧女兒。

「原來他是被日本太太拋棄才回來的！」黃女士回想當初自己一個人在坐月子時，背著女兒為男人理髮，以養活母女兩人，甚至被婆婆唾棄，忍不住覺得心酸。黃女士猜測受過高中教育的丈夫拋棄自己，太太是文盲是唯一的理由，因為兩人沒有交集。

「沒有幾天，丈夫又走了，從此下落不明，不知死活，但我也看淡了，連再婚都懶，也沒勇氣，深怕遇到更糟的男人，甚至可能落到被男人毆打的下場，自己的一輩子就無法翻身。」黃女士說當時的台灣社會對待女人殘酷，常常在街頭會看到女人被打得遍體鱗傷逃奔家門，連個遮身蔽體的衣服都沒有，就嚇壞了。

「現在回想這九十四年的生命，我覺得滿足。我一個不識字的女人靠著理髮刀，培育女兒擔任老師，也算很有成就啦！我現在和女兒一家人一起住，每天早上自己還拄著孫女從日本給我買回的枴杖傘到植物園散步，和一群老朋友見面聊天，我很快樂呢！」黃女士強調，寬恕很重要。「我原諒拋棄我，不負責任的丈夫。」

被黃女士暱稱為同學的黃先生也是九十四歲，他在植物園運動超過五十年，每天早上聲音洪亮的對大家喊「早安」，認識的朋友無數。如今他膝蓋退化，走路的平衡性降低了，每天由兒子推著輪椅到植物園散步，他也說這輩子很滿足。「年輕時創業搞事業，又天天運動，現在退休的兒子天天陪伴，很滿意啊！」

黃先生的兒子說，只要每天早上讓爸爸到植物園，他就快樂了。人，活到老，欲望降低到人的最初，就是簡單。

自嘲在植物園上班的陳女士，每天推著可推可坐的助步器散步三小時，走累了，就坐在助步器上休息，休息夠了，又繼續走路。雖然九十四歲了，住在沒有電梯的公寓三樓，她還是說：「我每天上下樓梯都自己來，助步器就放公寓角落。有時候覺得走樓梯很累，但要換有電梯的大廈太麻煩，所以就繼續走。」與兒子同住的她，個性獨立，不肯為自己的不便增添兒子的麻煩。

「若是住在有電梯的大廈就更好了！」陳女士還是忍不住的說出心底的聲音。

另一位九十四歲的陳女士在五十歲時喪偶，她曾抱怨自己的丈夫：「當醫生有什麼用，自己都不會照顧自己的健康，那麼早就走了！」她也後悔在四個孩子中培養三個子女到美國和加拿大，唯獨當牙醫的兒子住在台灣，「有個疾病或事情，呼叫子女太遙遠。打電話給牙醫兒子，說不到兩三句，就說：『媽媽，我有病人上門了！』我怎麼捨得兒子不做生意呢！」陳女士雖然當了一輩子的家庭主婦，但她縱橫股票市場數十年，直到最近視力太差，看股票行情版不是那麼舒服，才停止投資。

「八十五歲以前我的健康挺好，連眼睛都沒問題。自己一個人帶著行李就到國外探望子女。八十五歲以後眼睛開始退化，九十二歲開始，雙腿的平衡降低了，所以就從獨居變成有印尼外勞陪住陪走。我擔心我的健康將快步走下坡。」其實，陳女士的經濟獨立，個性也很獨立，衣食住不但無憂，因每天運動，肌肉非常結實，頭腦清楚，數字能力更是一把罩，每天還打扮得光鮮亮麗，甚至被一些運動的老男友暱稱「姑娘」。

「獨居慣了，有時子女從美加回來，我還覺得麻煩，家裡得多準備他們要吃的菜。」說歸說，陳女士還是覺得子女在身旁最好，「不行就罵子女！朋友雖好，怎麼能罵？」即便獨居數十年，財務也獨立，她還是堅持養兒防老是必然的。

無悔人生，是最高目標

台東基督教醫院創院院長美籍譚維義醫生，在台灣奉獻四十年，這位台灣人口中的譚爸，就覺得自己的一生圓滿了。蘇輔道醫師從東基退休後不是遊山玩水，而是回美國繼續到大峽谷為窮人醫療服務。而有「台東小兒科之父」之稱的龍樂德醫師，也從東基退休後，隨其妻回美國讀心理諮商，開創第二事業，龍醫師跟著太太世界跑，這位愛小朋友的醫師繼續在世界各國看小朋友，樂在其中。從芬蘭到恆春四十年，以恆春為其第二故鄉，單身終生的馬立娜，在為恆春人奉獻大半生後，探訪照顧獨居老人，又協助教導菲律賓新娘，教她們用台語與公婆及丈夫溝通的她，退休後回到芬蘭，繼續探訪第一故鄉的老人。羅慧夫，自嘲自己是雞蛋（外白內黃）的外國人，將一生最黃金的歲月都奉獻給台灣人，晚年的他，覺得生命非常的圓滿。

安妮塔也覺得自己的一生圓滿極了。「就算生命重來一次，我還是喜歡我這一生的版本。我熱愛我的家人，我的工作，我的朋友，我的生活方式，以及我幾十年的義工生涯。而且，我也不怕死亡到來。上帝要接我走時，我只要跟著上帝的腳步前進就可以。我相信，上帝早就為我安排一切我需要的了。」

老人自我愈感覺良好，對自己一生的滿意度愈高，生命的品質也相對上升。反之，經濟和個性若需要仰賴子女，或是健康欠佳、需要家人照顧的老人，對自己一生的滿意度也大幅降低。

由此可以推測，對自己的一生滿意度愈高的人，晚年的生涯也將更能樂觀以待。普遍上來說，教育程度愈高的人，更容易有個人的興趣、需求及能力面對老年生涯，生活品質也愈高，理所當然對生命的滿意度也趨高。

Part 5

再見，天堂見

每個人都該預立遺囑

中年在美國讀書九年，我遇過最驚心動魄的事情是美國朋友們問我是否立好遺囑。我說自己還年輕，幹嘛要寫遺囑？而且我也不是有錢人，何必預立遺囑？朋友們對我的反應非常不以為然。他們告訴我，遺囑非常重要，是最後為自己人生負責任的大事。安妮塔不但出示自己的遺囑給我看，還給我看她其他親戚的遺囑，其中一份遺囑裡親戚遺留給她一件家具。另有兩位美國友人，年紀一個比我長兩歲，一個小我一歲，也告誡我，遺囑是非同小可的事情，而他們早早都寫好了。

由於幾位美國朋友對我曉以大義遺囑的重要性，我非常好奇的問其他的美國朋友們是否也寫遺囑了？答案幾乎都是「Ｙｅｓ」。他們談起遺囑，就像喝一杯咖啡那麼的平常。反倒是他們訝異於台灣人沒有預寫遺囑的文化。有一位朋友還上網抓了一份遺囑給我參考，遺囑該怎麼寫才恰當。

寫遺囑，好處多

「遺囑寫好了，可以隨時修改。隨著年歲的增長，我認識的人更多，遺囑的範圍也擴大了。」安妮塔曾經對我這麼說。她還問我，是否喜歡她從年輕就用手工刺繡的一些圖畫作品？原來安妮塔也將我列入遺囑的關係人之一。

美國人寫遺囑，對象不只是針對自己的孩子，還有親戚朋友，甚至是陌生人或慈善單位等。有的人沒有任何財產，但遺囑卻感動很多人，其中以一名貧窮的燈塔照顧人的遺囑最教我感動。他和太太年輕時帶著幼子在超市買食物，不夠錢支付，就有陌生人幫他們付了，後來管理員以此作為自己關心其他陌生人的典範。因此，當一些人收到一名燈塔管理員的遺囑信時，發現自己的生命竟然被遠方的陌生人所照看著，有人因此找回自己失落的純真，有人甚至挽回破碎的婚姻，多麼的令人感動啊！

預立遺囑，免去子女糾紛

香蕉大王陳查某和我關係深遠，他不但是我高中三年打工的紡織廠董事長，也是我就讀高中的董事長。我見過陳查某幾次，他巡視工廠，對學生說話，還用遊覽車招待學生上陽明山探望他太太的美麗墓園。那些記憶，在我年少時代烙下深印。

從香蕉延伸到紡織，再跨業到建築，陳查某雖然不識字，但剛好都走在對的時代，賺的錢無以計數。可惜，他身後十幾年不得入土為安，只因子女為了爭奪遺產而對簿公堂。王永慶的孩子也為遺產在法庭相見。

八十八歲的李先生，受過基隆海事學校教育，足跡跨得遠，談起陳查某及王永慶，就不勝唏噓。他每次看到子女為了父母的財產而爭奪，讓父母死不瞑目，就告誡自己，一切都要清清楚楚，在遺囑裡說明白。

最近李先生花了兩萬元聘請律師為他的遺囑做法律的執行者。他的律師已經來三次了，都是來修改遺囑。李先生在律師面前寫下遺囑，還有兩個姪孫輩做見證。不動產、股票、現金和公司股份都在遺囑裡寫得很清楚，就是要杜絕陳查某與王永慶沒有預立遺囑的下場。

李先生早年做生意失敗三次，後來到上海經商，從事化妝品生意，利潤豐厚，買一元賣兩元，迅速積累了財富。他在台北市買了土地，蓋了五層樓的房子，一樓是夫妻居住，二樓給大兒子住，三樓給小兒子住，四樓給大女兒住，五樓給小女兒住。妙就妙在孩子住了一輩子的房子，但所有權仍然是李先生的。他說：「我需要用錢時可以變賣我的房子。如果我把房子過戶給孩子們，他們不可能願意讓我賣掉他們住的房子，當然也不可能孝順我。既然房子的產權仍然在我手裡，孩子們不得不孝順我。現在，若我身體有恙或有事情找他們，我按個電鈴，他們會立刻下樓與我會談。」

九十三歲的欒先生是黃埔軍校十六期出來的，並在三所軍警大學教書退休。談到預立遺囑，他也以王永慶的經驗為戒，堅持非寫遺囑不可。「事情交代清楚，才是負責任。遺囑不只是針對錢和財產，還包括個人的意願等。」

為自己畫下完美句點

遺囑很重要，是表達自己的思想和意願，你總不願意把自己的財產給討厭的人，即使是子女或其他親人也不例外。禮物，都是給自己喜歡的人，不是嗎？八十幾歲的劉先生的孩子很不孝順，他聽到我說，他可以將財產捐出成立獎學金，以支持貧窮的孩子向學，高興萬分，恍然大悟原來自己身後還可以繼續為台灣社會貢獻，覺得自己的生命價值上升了。

遺囑怎麼寫？就是把你身後事物講清楚。遺囑屬於民事法律行為，分為法定繼承與遺贈兩種。法定繼承人是直系血親，如配偶、子女、父母、孫子女、祖父母、曾祖父母。遺贈則是給非直系血親的，包括給國家、非營利組織或友人，甚至是陌生人。

寫遺囑時，遺囑人必須具有行為能力，也就是意識清醒。遺囑必須表示遺囑人的真實意願，受脅迫、欺騙所立的遺囑無效。偽造的遺囑無效。遺囑被篡改的，篡改的內容也無效。而遺囑的主要形式有公正遺囑、自書遺囑、代書遺囑、錄音遺囑、口頭遺囑。

遺囑可以不斷修改，但以最後一份遺囑為準。如果遺囑中有公正遺囑，以公正遺囑為準。

寫好遺囑，就走得坦然一些。把所有的事情都交代清楚了，對自己的一生負責，也對自己的人生畫下完美的句點。

安排後事

葬禮，也是個人選擇

九十四歲的陳女士說：「我已經訂好自己的棺材，也選定好墓地了。屆時我離開世界時，只要把我放到棺材裡，再舉行個葬禮，然後放到挖好的墓地就行了。我不要火葬。我要土葬。之前我花了很多時間到處看，現在都處理好了。」接著，陳女士說現在的葬儀專業做得真好，很方便。

「我的子女不必麻煩。他們只要來參加我的葬禮就行。」雖然陳女士大半生都住在台灣，但對於自己的後事，她的做法非常像美國人，勇於對自己的最後一件大事負責任。

負責八十一個老人登山和聚會的隊長先生聽到陳女士已經妥當安頓好自己的將

來時，立刻對她比起大拇指，表示激賞。隊長說，要對其他隊員說，安排後事要自己來。

「連財產都規劃好了，全部在保險箱內，上面名字寫得清清楚楚，孩子們什麼都不必爭。」陳女士的腦袋瓜之靈光和精明，很多年輕人都要佩服。

八十八歲的李先生也說自己安排好後事了。「自己的事情自己決定。將來要住哪兒，怎麼能讓子女為自己來決定呢？」

主婦聯盟系統的合作社前主席謝麗芬在得了胰臟癌後，選擇海葬，作為對於環境保護的最後一次努力。生前合作社和主婦聯盟的一票朋友們在徵詢了謝麗芬的許可後，依照她的選擇，忠於她的決定。海葬，是一種選擇。

「給樹當營養，挺好。」奇美集團的許文龍選擇樹葬作為歸屬。他在自己的傳記《零到無窮大》中，特別將自己的身後事說明白，不和活人爭地，也解釋為什麼將大部分的財產捐出來。

我很早就安排好自己的後事了。我對孩子們說，我最喜歡的是交響樂，葬禮上，就安排一個交響樂團演奏。「如果我存夠錢，就是交響樂團。如果錢不夠，就放交響樂ＣＤ給我聽。另外要加放一首歌，〈我不想走〉。」的確，這個世界太美了，我真的不想走。

「至於骨灰，就分成幾個部分，撒到我尚未旅行國度的河流去，讓我走後繼續旅行。」我交代子女。

「等一下，妳得留下機票錢，要不然誰帶著妳的骨灰去那些國度呢？」語不驚人死不休的女兒衝口而出。

「我已經簽了器官捐贈。在我還沒斷氣前，你們就需要聯絡醫院了。」我補充說。美國人在考駕駛執照時，就讓駕駛人自己選擇，要捐器官者，駕照上登記了，萬一發生事情時，可以立即行動，在時間上最划算。我在考駕照時立刻登記，駕照費用還因此省了一些。我的美國駕照右下角有一個愛心，上面有一個「捐」的字樣。

放棄急救，人數漸增

「另外，萬一我怎麼樣，我當然不要急救。我不要電擊、插管和氣切，也不要心肺復甦術。」我怕痛，也不要苟延殘喘的活著，因此我這樣吩咐我的孩子們。

方家瑜的媽媽向衛生署（或台灣安寧協會）登記了「安寧緩和醫療照護」，在健保卡上登記放棄急救。「不要插管，不要電擊，也不要氣切！我要尊嚴的走完最後的一程。」方家瑜的媽媽說。

雖然人人貪生怕死，但若求生不得求死不能，那就太可怕了。因此，簽署預立選擇安寧緩和醫療意願書，並註記於健保卡上，成為一種新的選項。

根據台灣安寧照顧協會統計，預立選擇安寧緩和醫療意願書的人口在二〇一〇年有五萬筆，二〇一一年暴增到十萬筆，二〇一二年仍再繼續增加。「讓機器延長最後一口氣」成為沒有尊嚴的象徵。

同時，台灣安寧照顧協會統計，累計至二〇一二年九月止，台灣總共有十三萬兩千五百零八名民眾在健保ＩＣ卡上註記放棄急救。

誰最看得開、簽署人數最多？原來嬰兒潮最猛，涵蓋了兩個年齡階段，五十至五十九歲是冠軍，共有三萬五千四百三十六人，佔25.9％；六十至六十九歲者是亞軍，計有兩萬八千一百二十二人，佔22.4％；第三名的是四十至四十九歲，共有兩萬兩千一百九十四人，佔16％。三年級、四年級和五年級生加起來，居然囊括了64％。有趣的是，二〇一〇年的住院人數冠軍也是四年級生。

哀傷的五個階段

Elisabeth Kübler-Ross於一九二六年在瑞士蘇黎世出生，一九五八年移民美國，由於自身童年的經驗，一九六九年，她的Kübler-Ross model「悲傷的五個階段研究」，開始在時代雜誌出現，針對人遭遇重大事件（如離婚）、死亡、喪親等時的悲傷循環，提出見解，以幫助住進安寧病房和面對死亡的人瞭解自己的心理和情感變化階段，讓生命的最後得到平靜。如圖：

Kübler-Ross的思想體系是，每個人的處境都不同，悲傷的程度隨著階段不一樣而變化，不是一成不變。有時候，有些循環會重複，有時候則會跳過某一個階段。

在生命的最後階段，面對死亡，你的心理過程會有很大的恐懼、害怕和掙扎，而你並不孤單，因為死亡是很大的衝擊和割捨，就如蘋果電腦的前總裁賈伯斯生前說的：「要進天堂，也想要活著進去。」要輕輕鬆鬆的死，幾乎是不可能的，從古至今，唯有希臘哲學家蘇格拉底一人能從容就死。你、我，以及眾生，總是要掙扎不已。

哀傷的五個階段如下：

一、**否認**：知道自己得到癌症或重大疾病，而即將不久人世時，一定會拒絕相信那是真的。有時候還想自欺欺人，說沒那回事，我很好。我的爸爸向來樂觀，看起來強健，雖有肝硬化，還是像山一樣，我當然否認爸爸快死的事實，一直對自己說：「不可能，不可能，一定是我的手足在騙我，要不就是醫生誤診。」

【哀傷的五個階段】

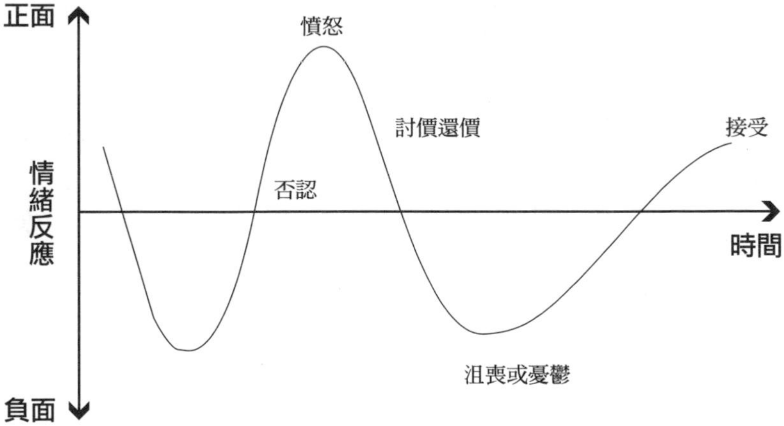

二、**憤怒**：情感上會有很強烈的爆發和發洩情緒，並開始接受死亡的事實。最常聽到人家說：「為什麼是我？」「老天爺對我太不公平了！」很像一般人「惱羞成怒」的感受。我的爸爸是很帥、很勤勞、很幽默也很誠懇的人，我很生氣，他一輩子工作那麼辛苦，才要享福，卻要走了，我當下覺得老天爺對我的爸爸很不公平。

三、**討價還價**：既然無法抵禦死亡的到來，就開始討價還價。例如在面對我的爸爸即將死亡的時刻，我也曾經和上帝討價還價：「如果上帝讓我的爸爸再活幾年，我就受洗成為基督徒。」「再給我一個月，讓我完成……」「讓我看到孩子結婚，我就……」，都是人的心理和情感的自然反射。說白一點，就是人到黃河，還不死心。

四、**沮喪或憂鬱**：既然無法挽回，情感開始陷入沮喪或進入憂鬱期，很灰心。心死了，當然什麼人都不想理，什麼話都不想聽，只想一個人與孤獨同在，卻同時有被拋棄之感。我當時到學校上課，很沉默，有一兩個月都像是沒有靈魂的人，老師說什麼，壓根兒沒進入到我的腦海，也沒有食欲，我覺得這個世界就要完蛋了。

五、**接受**：既已成定局，雖不滿意，只能接受。開始理性平靜下來，面對人生的最後一刻，也務實的準備人生最後一堂課的功課，希望自己離開得漂亮一點，有尊嚴一點，也留給後人一些禮物，包括有形和無形的。後來，我告訴自己，爸爸愛旅行，愛自由，又頑皮，他是去做一場很長很長的旅行。

在喪父的過程，五個哀傷階段，我統統經歷過，也還歷歷在目。那是刻骨銘心的生命經驗。

蘭迪・鮑許（Randy Pausch）生前在卡內基美隆大學做了一場風靡全美的演講，題目是「全力實現兒時夢想」。那場影片在YouTube點播次數多到嚇人（15,971,882次）。《華爾街日報》更將那場演講稱為「一生難覓的最後演講」。後來，那場演講變成一本書，書名就叫做《最後的演講》（方智出版社出版）。在這本書中，鮑許開宗明義就說：

「我有個工程問題。我的身體雖然大致上還算健康，肝臟裡卻有十顆腫瘤，只剩下幾個月可以活了。我是三個小孩的的父親，太太是我夢想中的完美女子。我大可自怨自艾，但這麼做不論對他們或是對我都沒有任何好處。

那麼，我該怎麼度過這段非常有限的時間呢？比較容易做到的部分，就是和家人相處，好好照顧他們。趁我還在人世上，我要深切把握和他們共處的每一個時刻，並且做好各種必要的準備，讓他們不至於在我離開之後不知所措。」

蘭迪的《最後的演講》有許多深刻的觀點和思考。那些「蘭迪名言」，可以給正在掙扎的你一些省思和當頭棒喝。那樣的力量，是很驚人的。如果你到網站上點播蘭迪．鮑許的「最後的演講」（Randy Pausch Last Lecture: Achieving Your Childhood Dreams，http://www.YouTube.com/watch?v=ji5_MqicxSo&hd=1），會看到鮑許一出場，就連續做了好多下伏地挺身，說明了他的人格特質。一個只剩下幾個月生命的癌末病人，本來還被質疑體力和病況是否足以撐起一場演講，而考慮取消。沒想到一出場的伏地挺身，引起大家的震撼。

請記得，蘭迪說：「我們改變不了事實，只能決定自己要怎麼因應。我們改變不了上天發給我們的牌，只能決定怎麼打這手牌。」

宗教，陪你走過死亡的害怕

安撫心靈的方式

如果你還是難以承受人生尾端所帶來的衝擊，那就請求專業的協助吧！拜訪心理治療師或精神科醫師尋求協助，他們的專長是在幫助罹患絕症的個人或家庭。宗教也可以安撫你恐懼、害怕和不安的心。

根據美國的研究，有宗教信仰的人比較不怕死亡，而且，也死得比較安詳。信仰在安頓人的心理和心靈上，有很大的效用。

因此，在人生的最後階段，如果你還是卡在痛苦的關鍵點過不去，也可以尋求「寬恕」的力量。

七十歲的畫家林春美在丈夫過世的前一年，才開始體會到丈夫對自己一直說不出口的愛。當她正要享受晚來的愛情，不料，丈夫卻生病往生了。

在遺書中，林春美讀到丈夫對自己的愛，一個人開車上陽明山哭到不行。「我從不在孩子面前哭，我不要人家看到我哀傷。」

連續半年，林春美想哭時，就開車上陽明山哭個痛快。在山上，她學習到寬恕。原諒相處一輩子，個性沉默的丈夫，任由她肩扛兩家的經濟重擔，卻從沒對她說過「謝謝」，也沒說「我愛妳」。然後，林春美寬恕自己。她的痛苦、害怕、恐懼、焦慮和不安，都在寬恕時隨陽明山的風而消逝。

寬恕自己所犯的錯，也原諒那些對不起自己的人和事，會幫助我們解除那些看不見的壓力。

宗教的力量

尋求宗教給你力量，以安頓你受傷的心，安撫你無止盡的恐慌，是在無法脫殼而出時，最後的一個希望。

你可以選擇和你比較接近的宗教。如鍾碧娟，她足足花了一年的時間探索哪一種宗教和她的心靈最能接近溝通，最後她在參加佛教的內觀後，覺得佛教是她的心靈故鄉。台灣人愛戴的毒物專家林杰樑最近走了，一生信奉道教和熱愛武俠小說的他，在道教信仰中堅持為台灣人的健康守門到最後一刻，還說千山我獨行，不必送行。羅素霞和陳世銘也在探索很長的時間後，從佛教轉入基督教。這對夫妻在基督教裡找到無畏的力量，認為上帝會安排一切。我朋友中的天主教徒也不少，也有穆斯林。我甚至還參加猶太教堂（Synagogue）的禮拜一年有餘，為的是想瞭解生命和宗教之間的關係。

信仰的力量是很巨大的。看看來台灣當醫生傳教的西方人，即使都有醫學院的學歷，卻都自願為信仰放棄多金的收入和原本舒適的國家，到當時還是窮鄉僻壤的台灣，奉獻一生。再看看慈濟的信徒，願意捐獻龐大的財產，並到災難發生的地方或外國搶救，幫陌生人重建房子。他們都是赴湯蹈火在所不辭，只因信仰。

相信我，宗教界的人，秉持他們的信仰，會幫助和陪伴你走過最後的難關。他們會讓你看到將來的希望，一個美麗繽紛的花花世界，也就是所謂的天堂。

另一個世界，仍然有愛

靈魂的世界是很奇妙的，如果不是親身經歷，很難相信。

我的爸爸走後一星期，我的一個姪女夢見阿公身處在一座很美麗的花園，而且很健康。我的爸爸要她對家人說，他現在在很漂亮的地方，沒病沒痛的，自己還種了一個大花園，請家人安心。爸爸的貼心，的確安慰了我很大的痛。

一年多前，我夢見我的小姑姑，說她去投靠我的大姑姑。大姑姑是我爸爸的姊姊，也是小姑姑的姊姊。「我去投靠我的姊姊三天，就因沒錢而被她趕出來了。」夢中我還和她對話，說那是不可能的，因為她們姊妹情深，大姑姑個性很海派又慷慨。那天早上我起床到大學，一開電子信箱，便收到表妹的通知，說我的小姑姑辭世三天了。為什麼小姑姑會飄洋過海來對我這樣說呢？因為小姑丈生前提早從陸軍退役，他是來自江蘇的老兵，後來在台中女中擔任工友，收入很低。小姑姑和我感情很好，幾十年來，每次我和她見面，都給她錢，唯獨兩年多前我當時剛回台灣，身上沒錢，加上那次要繳學費，而且，陪同我去探視小姑姑的妹妹給了紅包，我就安心沒有給她錢。

小姑姑用夢的方式來和我告別，就是這麼回事。

某天，當我正在埋頭寫這本書時，我的一個會通靈但不會說中文的美國朋友居然對我說，我的爸爸要他來告訴我，說他很高興我寫這本書，還用中文說，要我「加油」！

所以，不論你有沒有宗教的信仰，如果跨不過生命的關卡，請幫助你自己，留一道門縫給宗教。你會發現，他們的確有很神奇的魔力，會牽著你的手，走過顛顛簸簸的獨木橋，讓你安然走入天堂。

安寧離去，遺愛世間

生命的最後時刻

安寧病房的英文hospice源自於拉丁字hospitium，意思是客房，是為那些去朝聖的疲憊或生病的旅客旅行時暫時居住的地方。

一九六〇年代，英國的醫生Dr. Cicely Saunders率先在倫敦近郊成立聖多福安寧病房（St. Christopher's Hospice），以減緩病危病人的疼痛。一九七四年，安寧病房首次引入美國康乃狄克州的紐哈芬城（New Haven）。巧合的是，Haven的英文意思是避風港，而末期病人需要的也是一個生命中的避風港，讓搖搖欲墜的生命得以支撐。

如今，美國有超過四千七百項的安寧計畫。二〇〇六年，安寧計畫照顧了九十六萬五千人。二〇〇七年，更擴大照顧了一百四十萬美國人。在美國，80%的安寧計畫提供病人和家屬一個有如家的場所，護理之家亦是。

馬偕醫院於一九八二年引入安寧療護的概念，一九九〇年，也在台灣設立第一個安寧病房。

安寧病房是為了重病、不會痊癒的人所設，是在生命的最後時刻可以選擇入住的地方，目的是讓病人舒服，並支持病人及其家屬。

安寧病房不是要延長人的生命，也不是加快死亡。安寧病房的醫療團隊和義工是以他們在醫療的專業降低末期病人的痛楚，其目的是維護和增進病人的生活品質和生命尊嚴及舒適，它涵蓋了所有的疾病症狀，特別強調的是控制病人的痛和不舒服，並且緩和了病況對病人及其家屬和朋友的情感、社交及心靈上所帶來的衝擊。

同時，安寧病房還提供病人、家屬、朋友心理上的輔導與諮商，包括生前和死後的親友的心理輔導。

器官捐贈，救人無數

器官捐贈的觀念愈來愈普及。在美國，器官捐贈十分普遍。駕駛人在考駕照時，監理單位就會給予捐贈器官的書面文件填寫。同意捐贈器官的人，駕照的價錢省了一大半，也會在駕照上註明。我的美國駕照上就註明了我是器官捐贈同意者。

駕照是美國人很重要的身分證件。所以，萬一有不幸事件發生，駕照立即可以派上用場，不需再等待其他文件的簽署，當下就可以即時摘取和移植器官，馬上就有無數在死亡邊緣掙扎的生命能夠得到拯救。

沈富雄在一次器官捐贈健行活動中說：

「全世界的國家有三種：第一種是有錢而且有氣質的國家，這個國家的人民捐器官給他自己的同胞；第二種是沒有錢也沒有氣質的國家，這種國家很可憐，往往整個村莊都把器官賣掉了，為的是維持生活，甚至為女兒籌嫁妝；第三種是有錢但是沒有氣質的國家，這種國家是拿著錢到窮國家買器官。我為器官捐贈而走的最大目的，就是要把我們從這第三種國家變成第一種國家。」

孫越叔叔說：

「我們全家都有一張卡，它不是信用卡。它也不是全民健保卡，它是『器官捐贈同意卡』。如果有一天你我不在了，這張卡可以幫助很多人延續他們的生命。你們家呢？」

張博雅在器官捐贈同意卡發行時說：

「生命銀行開張了！生命銀行正式發行器官捐贈卡，提供尊重生命、延續生命的服務。現有銀行發行的卡，是身分的表徵，而生命銀行發行的卡，則是生命的尊嚴。我建議您的皮夾裡，應該和我的一樣，多一張這樣有愛心又有新觀念的卡。」

器捐須知

器官捐贈的定義：

「一個人不幸腦死時，把自己身上良好的器官或組織，以無償的方式，捐贈給器官衰竭急需器官移植的患者，讓他們能夠延續生命，改善未來的生活品質，並且能繼續貢獻社會。這是一種大愛的情操，更是尊重生命的行為表現。至於活體器官捐贈，則是一個健康的成年人願意在不影響自身的健康及生理功能的原則下，捐出自己的一部分器官或組織，提供親屬或配偶作為器官移植。」

器官捐贈的範圍分成組織捐贈和器官捐贈兩種。組織捐贈包括骨骼、眼角膜、皮膚、小腸、心瓣膜、血管、氣管、軟骨組織、肌腱、骨髓等。器官捐贈，在台灣，包括心臟、肺臟、腎臟、肝臟、胰臟等器官。移植手術可幫助器官衰竭的病患因他人的器官捐贈而獲得新生命。

器官捐贈還分成活體捐贈和屍體捐贈。

人體可以捐贈的器官包括心臟、肝臟、肺臟、腎臟、胰臟等。組織則包括骨、眼角膜、皮膚、小腸、心瓣膜、血管、軟骨組織、肌腱等。骨骼用來修補由於腫瘤或癌症所造成的骨損傷。眼角膜可挽救眼角膜受損造成的視力損傷、失明。捐贈的皮膚做植皮手術可以拯救嚴重燒傷的病人。利用捐贈的心瓣膜為先天性瓣膜缺損的孩子做心瓣膜修補，可以恢復心臟的功能。

器官捐贈是在一切救命措施都無效，也就是腦死之後，醫生家屬及社工才開始討論捐贈器官事宜。捐贈器官的捐贈者與受贈者的資料都需保密不可外洩，以防節外生枝。

腦死是生命的結束，生命中樞——腦幹壞死，導致呼吸完全停止及器官逐漸敗壞，視同死亡。

器官捐贈是在腦死的情況下才進行的。器官捐贈的條件是：

一、符合腦死條件而器官功能正常。
二、無惡性腫瘤病史。
三、無愛滋病病史。
四、無明顯敗血症。
五、無長時間（十五分鐘以上）低血壓、休克或無心跳（asystole）。
六、無明顯肝病史或肝損傷（非絕對）。
七、無長期控制不良的心臟血管疾病、高血壓或糖尿病、無心臟畸形之病史（非絕對）。
八、肺臟捐贈者必須胸部X光清晰；無明顯胸部外傷、胸腔手術之病史。

九、年齡六十歲以下者（非絕對）。

如果你要捐贈器官，可以簽署器官捐贈同意書，並隨身攜帶該證件。如我，我的美國駕照就是我的器官捐贈同意書。

若要簽署器官捐贈同意卡，上網就可以簽了，請上中華民國器官捐贈協會網站（http://www.organ.org.tw/）。電話：（02）27025150。

有關捐贈器官的一些資訊，請上網：http://www.organ.org.tw/obook/owhatis.htm。

向「大體老師」致敬

在花蓮往台北的自強號火車上，我把正在閱讀的英文版慈濟大體捐贈的書轉贈給一對從荷蘭來台灣自助旅行的年輕情侶。那對情侶看到「無語良師」（Silent Mentor）的字眼，先是嚇了一跳，接著一路讀到台北，沒有停過手。

這對荷蘭的年輕自助旅行者對我說，不知道台灣有這樣傑出的醫療做法，否則該多留下來瞭解，可惜，翌日他們的飛機就要飛到菲律賓去了。

在參觀慈濟的「大捨堂」後，我的內心悸動無比。那是安奉「大體老師」骨灰的地方，有地藏王菩薩日夜陪伴。

一九九四年慈濟醫院創立，李明亮院長苦無大體讓醫學生解剖，他問警方，可有無名屍可提供給慈濟大學。他希望可以找到實體，供醫學院的學生解剖用，因為實體解剖總是和模型體解剖不同。醫學生以前手術的第一刀，就是病人，也就是活著的人。對沒有在人體上動過刀的醫生，第一次，第一刀，是多麼的教人發抖和膽寒。萬一失手，一個病人的生命可能就在自己的手中消失了。

大體捐贈的開始

一九九五年，彰化一位女性，林蕙敏，打電話給當時的慈濟大學校長李明亮，說她願意在往生後提供自己的大體給慈濟大學醫學生作為解剖之用。

那是台灣第一個大體捐贈的實例。林蕙敏將自己的意願對五個孩子說明：「我不是徵求你們的同意，我是希望你們幫助我達成我的願望。」她希望自己往生後，對台灣還有奉獻的機會。

於是，她還幫慈濟大學設計了「大體捐贈同意書」，由她的五個孩子簽署同意。

林蕙敏也成為台灣「大體捐贈」編號的第一號，並開啟了日後台灣捐贈大體的風氣。林蕙敏的女兒旋即加入，成為第一百零五號大體捐贈者。如今，台灣已經有三萬人簽署大體捐贈同意書，也有四百多個大體老師的誕生。

邱昭蓉是緬甸華僑，一生以追隨德蕾莎修女照顧弱勢族群的無私大愛為信念，在關山慈濟醫院擔任醫師時，她關心原住民和弱勢族群，也親自走入部落，還為配合原住民早出晚歸的習慣而過夜，只為要幫助原住民健康。

在罹患癌症後，她也成為大體老師。

陳燦暉教授是天主教徒，生前曾經阻止證嚴法師設立慈濟大學的大舉，他認為那是太艱難的任務，但旋即被證嚴法師的井水理論而感動，並捐出十兩黃金作為慈濟興建醫院之用，是第一位捐款興建慈濟醫院的人。

他也捐出他的大體給慈濟大學。他雖是天主教徒，但也護持慈濟，跨越了宗教的界線，讓愛無窮大。

一對夫妻，林瑛琚和簡美月，生前是急難救助、醫療志業和居家訪視的志工。二〇一〇年三月，簡美月因多重器官衰竭，捐贈大體給慈濟模擬手術中心。林瑛琚很傷心，他告訴自己，妻子到外國去當志工，自己留在台灣做志工，以此來讓自己安心。同年七月，林瑛琚罹患肺癌，也將自己的大體捐出。

捐贈大體，成為「無語良師」的人，前仆後繼，讓台灣的醫學生和醫生們可以有更多機會在「無語良師」的大體上，劃出一刀刀，也縫上無數的線。

「大體解剖學」是醫學系學生三年級時的課程。另外，「大體模擬手術教學」是慈濟大學專有的課程，供醫學系六年級學生和醫師進行手術訓練。而且，慈濟大學還開放這部分資源與台灣的醫學教授和醫生做學術上的交流與研究，好讓台灣的手術做出更多的研究與進步。

在一次我與慈濟的證嚴法師會面時，她說有一個慈濟捐贈大體的人，李居士，在給醫學院學生的課堂上教學時說：「我寧可你們在我身上劃千刀，也不要你們在病人的身上劃錯一刀。」這就是捐贈大體的意義之一，是為研究病徵和讓醫學院學生有足夠的人體做實驗，這樣在成為醫師時，不至於因為和課堂模擬有差距，而增加失敗率，進而可救更多人命。

慈濟大學在啟用大體前，醫學生需要到「無語老師」的家中訪視他或她的家人，瞭解「無語老師」的個性和生前是什麼樣的人；要對他們的「大體老師」有一定的瞭解後，還要寫一篇訪視心得，才可以開始一整個學期與這位「無語老師」的學習。

在每一個大體解剖前，慈濟大學都會有四個儀式進行。

一、啟用儀式。
二、追思儀式。
三、火化儀式。
四、入龕儀式。

捐贈大體，是從零到有，再到無窮大的過程。台灣人的生命，因為有「無語老師」的大愛，而更加健康燦爛，壽命也更加的長。因為，我們的醫學生和醫生，有更多的大體實驗，加上更柔軟的心，和謙虛的態度，而能做到真正的視病猶親。

想一想，慈濟大學的學生，課餘還得到火葬場打掃，到海邊淨灘，一如慈濟高中學生。這樣的養成過程，自然讓心更柔軟。

捐贈大體的人，在簽署「大體捐贈同意書」後，寄給慈濟大學，經檢查資料齊全後，會收到慈濟大學寄來的「大體捐贈同意卡」。其他教學醫院也接受大體捐贈（慈濟大學捐贈大體網站：http://www.silent-mentor.tcu.edu.tw/）。

紅白包文化壓垮老年人

面子文化，衝擊老人經濟

退休後，大部分人的收入都比工作時減少了，還有些人根本沒有退休金，老年經濟捉襟見肘是常有的事情。

台灣雖然早已經脫離貧窮的時代，也進入開發中國家的行列，但卻沒有拋棄貧窮年代的一些情結。例如紅白包的文化，在二十一世紀，還是堂皇的耀武揚威。老年人的口袋變薄了，紅白包卻可能得包得更多，壓得老年人皮皮喘。愛面子的文化，又讓老年人不敢開口說：「我老了，沒收入了，可不可以不用包紅白包，只來祝賀或哀悼？」

紅白包影響了老年人的社交，也提高了老年人的老年憂鬱症指數，對老年人的身心健康有很大的衝擊。

這一切的一切，都與台灣的三驚有關係。台灣的三驚，要用台語來發音，才更貼切。那就是「驚窮、驚輸、驚死」，反過來看就是「愛錢、愛贏、死好」。

所以，台灣人一年到頭都要拚命賺錢，而且，什麼錢都要賺，合法、非法不管，只要是錢就要賺，有毒的黑心食物是證據。老年父母對年輕的子女說：「孩子送到南部（或東部，或西部，或北部）來，我們幫你照顧孩子。你儘管賺錢去。」年輕的子女也不問父母意願，就大剌剌的對老年父母說：「我要賺錢，爸爸媽媽幫我照顧孩子吧！」因此，年輕父母成為週末父母，甚至是季節父母，更可憐的是年父母，或幾年不見的「無緣父母」。為了要賺錢，台灣人親情可以一邊拋；要賺錢，家人沒空一起晚餐，外面餐館或路邊攤隨便吃；要賺錢，下班後還要應酬。

這和美國人大大不同。多數的美國年輕父母承擔自己照顧孩子的責任。台灣的年輕父母義正辭嚴的說：「房價高，我要趕緊賺錢買房子。爸爸媽媽，你們非得幫我照顧孩子不可。」那樣的強人所難，不顧老年父母的體力也許不足以承受照顧孫子的能力，也許老人沒有照顧孫子女的意願。難道買房子比教養孩子重要？如果房價漲得像天一樣高，為什麼一定要買房子，租房子不行嗎？

當我的孩子剛出生時，我的父母也對我這樣說。三十年後，台灣的文化沒有改變。任何年代的台灣人，總是重複拷貝先人的話，而沒有思考，其中的損失有多大。

不只台灣人，在美國的華人移民也是如此，孩子生下才滿月，就用包裹方式送到中國給老年父母照顧，說這樣省錢。孩子長到四歲，可以上免費的公立幼稚園了，又用包裹方式寄回美國給父母，開始接受美國免費的義務教育。這些孩子入學了，發生很多精神上的疾病問題，隨著移民美國的華人愈多，美國在這方面的研究也相形增多。

其次，台灣人「驚輸」，而且「輸人不輸陣」，要孩子「不要輸在起跑點上」，所以，拚上明星高中，明星大學，也要拚開名牌汽車。幾乎多數的孩子都因為父母「驚輸」，變得沒有童年，只有忙著趕上補習班和安親班的灰頭土臉，甚至不知道天下有一種美好的感覺，叫做快樂。

最後，台灣人「驚死」。台灣退出聯合國時，很多有錢人賤價賣了房子移民國外，連巴西、中南美的小國都不放過。美國和台灣斷交時，台灣人如喪考妣，對美國大使館丟雞蛋抗爭不說（真沒道理，交往久了，我要和你分手也不行，還要示威），也是賤價賣房子，移民國外去。更扯的是，有一本書叫做《一九九五閏八月》，恐嚇說中共要武力犯台，還言之鑿鑿的提出時間點論證，結果有更多人嚇得屁滾尿流，又迅速的低價賣掉房子，移民外國去了。有誰知道，那位作者因為這本書恐嚇台灣人成功，賺了一千多萬元的版稅後，移民到加拿大當寓公，舒舒服服的過他的下半生。

如果台灣人移除這三驚，台灣的文化勢必往前大躍進。

移除三驚，更心安

話說回來，台灣人之所以「驚窮」，只因早期的台灣太窮，窮怕了。因此，有喜事時，要包紅包慶祝，也幫忙當事人分擔一些開支。如婚禮、祝壽、嬰兒出生等等，人不到，紅包也得到。而且不給紅包，就是不給面子；不給面子，就是斷了後路。

你沒看到喜慶婚宴時，總有人專門在收禮金的櫃台？而且就在入口的地方。既然有紅包，就有白包。因此，參加葬禮也要包白包。人不到，白包也得寄到。紅白包文化說穿了，就是貧窮文化。

我的父母老年最大的開銷不是就醫的費用，也不是食物的開銷，更不是休閒娛樂，而是紅白包。

為什麼會這樣？紅白包，就像保險的廣告詞一樣，「活得愈久，領得愈多」。只是要稍微改成「活得愈久，付的愈多」。

我的父母年輕時，村裡的人有喜事，就要給紅包。這紅包包括三代，有時甚至更多代。當他們年老時，新的三代出現了，就算沒有見過面，也不認識那是誰，只知道是某某人的孫子要如何如何，所以紅包要到。白包的給法，也不脫離紅包的範圍。

台灣人要勇敢面對自己內在根本的三驚，要脫離貧窮文化，也杜絕貧窮的思考和觀念。

就像我的哥哥最近為他的女兒欣儀所辦的婚宴，就在喜帖上明白寫出：「不收紅包，也拒收禮物。」而且他執行得很徹底，如同包公辦案。所以，我送去的禮物被退回來了。關於這一點，我倒是覺得，我的哥哥也未免跨得太大步了。畢竟，禮物是對年輕人婚姻的祝福。

為自己安排葬禮

告別式派對

兩性作家曹又方生前是癌症末期患者，在生命即將結束前，她特地為自己舉辦一個公開的生前告別式派對，新聞一出來，很多人都震驚，曹又方以如此樂觀的方式面對自己生命。在自己的「生前告別式」中，曹又方強調要「好好地活，也要好好地死」，希望能推動不同的生死觀念，讓死亡成為人生完美的句點。

「骨灰就撒到樹林裡。我用太多紙張了。」曹又方在生前告別式中宣布自己要樹葬的心願。

（全文請見「抗癌女作家微笑舉辦生前告別式」，網址：http://mag.udn.com/mag/people/storypage.jsp?f_ART_ID=186202）。

現年六十六歲的兩性專家黃越綏聲稱，七十歲時也要為自己開一個告別式的派對，屆時歡迎所有的朋友共襄盛舉。「一個人包一千元來，我可以用這筆錢在死前為台灣做更多事。」她說。

黃越綏是樂觀的人，總是語不驚人死不休。黃越綏似假還真的說，作家曹又方的生前告別會是來自於她的點子。

而鍾碧娟也有類似的想法，她要辦一個告別式，在離開世界前，向親友道歉或道謝。「有罪趕緊贖罪，該謝則謝。」鍾碧娟是很灑脫的人，做事情向來俐落明快，有話直說。

一切都是為自己

我們沒有為自己安排出生，可能連婚禮也不是自己安排的，但人生旅途的最後一站，怎能假手他人呢？

安排自己的後事，不至於太難。我們一定知道自己喜歡什麼樣的葬禮，就像我們知道自己喜歡什麼樣的婚禮，知道自己喜歡吃什麼一樣。

台灣人以前不習慣安排自己的葬禮，總是由家屬安排。家屬在突如其來的狀況下，不得不硬著頭皮接招。但因感情衝擊太大、沒有頭緒，常在混亂中引起衝突。

而且，台灣人不是以小家庭為核心，因此長輩的主張和憤怒，往往凌駕於上。如唱紅〈外婆的澎湖灣〉的民歌歌手潘安邦的後事，是由其妻和兒子安排回到澎湖海葬，之後卻引起長輩和手足的不快。

我爸爸的葬禮也是一波三折。爸爸匆匆走了，沒有留下一句交代。媽媽主張依照民間習俗，用道教儀式辦理，那是媽媽唯一熟悉的葬禮形式，也是媽媽的宗教。大妹信仰日本創價學會的佛教，她主張以該團體的儀式為葬禮，並且安葬在創價學會位在古坑華山的靈骨塔。小妹是基督徒，她當然希望爸爸的葬禮採基督教儀式。哥哥和弟弟沒有堅持。我在美國，沒有參與。最後，大妹以我們舅舅的葬禮是採創價學會方式完成，還有人助念，非常圓滿作為理由，來說服大家。因此，擲杯「問爸爸的意願」，成為解決的方法。

據知，我的所有手足都拒絕民間傳統道教儀式，因為感覺這樣的葬禮太嚴肅、太複雜，時間拉得很長，花費太龐大，而且精神上太哀傷，氣氛太恐怖。唯獨我的媽媽不能苟同，因為她和那樣的儀式相處了一輩子。

幾年後，我的媽媽還一直無法釋懷，她覺得爸爸辛苦一輩子，卻沒有隆重的葬禮，實在太不值得了。

我的同學顏彩雪生前親自選擇靈骨塔，包括塔位，是一個可以遠眺山巒的小家。

鍾碧娟和鄭文嵐這對從教育前線退下來的四年級生也已經為自己的後事做好決定。

鍾碧娟看好的位置，就是宜蘭的一棵樹。「我對孩子們說，三天就要出殯。燒完了，還有骨頭，不能立即撒在樹下，還得花五百元請人家把骨頭磨成灰。」「自己磨，可以省五百元。」她如此慫恿孩子。兒子拒絕，說那太麻煩。「五百元還是花了好。」鍾碧娟似乎對樹葬情有獨鍾。而她的一個朋友選擇海葬。「海葬也簡單，骨灰加上水攪太白粉，揉成一粒粒的，丟入海裡餵魚。魚兒們多開心啊！」

「如果參加宜蘭縣政府的樹葬，連五百元磨骨的費用都免了。如果骨灰想要放在塔裡，宜蘭官方也有雙塔位可以賣，很漂亮，有如度假村。一個塔位四萬五千元，骨灰甕是兩萬元，總共六萬五千元就搞定。」鍾碧娟說得頭頭是道。

「鄭文嵐要捐出大體讓醫學院做研究。」對於傳統民間儀式，鍾碧娟覺得有其意義，但太浪費資源，不符合現代步調快速的社會，如頭七做到七七，雖然現在已改良從四十九天儀式縮到一天全部完成，但如此一來，又有必要花二十萬元來辦這樣的葬禮嗎？而且辦完儀式後，得燒掉出殯的衣服或死者的衣物等，但其實那些資源可以回收。衣物可以送人。鍾碧娟從環保、時間，以及金錢上衡量，都覺得葬禮可以簡化。

面對身後事的新態度

我居住的梅崗城，雖然只有十萬人口，但卻有六座殯儀館，其中有三座白人殯儀館，三座黑人殯儀館。梅崗城於一八二三年建城，當時美國南方種族歧視嚴重，黑人幾乎都是奴隸。在種族隔離期間，黑白分明，火車站進出、飲水機、電影院、劇院、餐廳、學校、教堂……都是，所以殯儀館也不例外。

美國人通常都早早就安排好後事，屆時家人只要打一通電話給911，911就立刻派人來家裡檢查。若當事者還有一口氣，就立刻以救護車送到醫院急救。若斷氣了，則打電話給驗屍官。驗屍官完成工作，就將大體送至殯儀館進行一些手續，如放血處置及化妝等。接著，大多數的工作都由殯儀館安排與處理，如入棺時，親友家人一起與死者相聚，緬懷這個人生前的一切，現場沒有哀嚎哭泣，有的是溫馨。然後將棺木移到教堂進行告別式，最後送葬的車隊就前往墓地。路上的駕駛人看到這樣有警察領銜的出殯車隊，會自動停下來，禮讓車隊通行。

至於家人和子女，他們無須忙碌，也不需要通知親友。殯儀館包下了通知地方報社的工作，連所有的日期、時間與活動，都登載在地方報紙上，清清楚楚。美國人有每天看報紙訃聞版面的習慣，也會主動前往殯儀館和教會參與喪禮活動。美國人一生中，至少有兩次會上報紙，包括出生、訂婚、結婚、死亡。死亡，基本上是一定要上地方報紙的，這等於向世人告別。

第一次告訴我他早已將自己的後事安排妥當的，是一個八十幾歲的美國男人。「屆時，我的太太只要打電話給911就可以，我連殯儀館的帳單都已經支付妥當了。我也杜絕我的子女來和我再婚的妻子爭奪財產的可能。我事先都已經處理好了，那些不肖子女平時在我生病時連探頭都沒有，他們休想要我一分錢。」

後來我也陸續和一些美國朋友討論他們的身後大事，就如同前面的朋友一樣，「我都已經安排好了。帳單也支付了。乾乾淨淨，沒有給子女帶來麻煩。」安妮塔甚至告訴我，沒有自己做好這件事，人生就不算完成。而且，安妮塔還帶我到一個漂亮的墓園去看她未來長眠的地方。那兒刻著她的名字和出生年月日，唯獨死亡日期空白。

幾年前我有一位美國對門鄰居，一名終身未婚的八十歲女士往生後，她的財產繼承人開放了她的家，讓大家來買她穿過用過的衣物和鞋子。生意很不錯，整個房子擠滿了人。使用死者的物品，美國人一點也沒有禁忌。資源不但沒有浪費，買的人還很開心。

Part6
附錄

丘引的一個人老後（四十歲出頭時的計畫）

尋找安老夢家園

九年前，我四十六歲。當時除了在國立師範大學人文中心教「小錢遊世界」的課程之外，我還為報紙和雜誌撰寫專欄，並且到處演講。演講的地區如果在台北市，我就騎著那輛曾經陪我環島二十二天的腳踏車前去，我甚至還騎鐵馬到宜蘭的宜蘭社會大學演講。對我這個除了愛旅行和讀書外，因天生個性浪漫而低到幾乎沒有物質欲望的人來說，當時生活過得非常的愜意。對我來說，天堂就是如此。

我以為我會那樣的老去。

在那之前，我足足花了兩年的時間，在我剛搬入的大廈做義工。我的新居是有七十九戶住戶的三十年老舊大廈，有電梯搭乘，適合老人進出家門。我的個性愛好熱鬧，有人來瘋的傾向，住大廈比住公寓或獨棟房子來得恰當。大廈配有全天候的管理員，可以問候聊天，以驅除寂寞，萬一有個三長兩短，也不至於屍臭蟲咬無人聞問，而且就在台北植物園的斜對面，環境優美不說，生活機能也好得無可挑剔。

選擇台北植物園區域作為養老，我的想法是：

台北植物園是台灣的第一座植物園，從一八九六年迄今，佔地約八點二公頃，種植超過兩千種植物，有些樹木已經一百多歲了。我想當我老時，我可以向「樹瑞」學習。萬一無聊，每星期研究一種植物，直到我入土，可能還沒有研究完。

而地緣上，台灣最高的政治中心，總統府，和總統官邸，就在附近，治安當然不在話下。因為兩總是鄰居，周圍又都是機關學校，人口密度相對其他地區低，是名符其實的鬧中取靜，適宜怕吵又怕寂寞的老人居住。而且，附近至少有四所大學院校，若想再成長，要聽課不怕沒處去。再說，台北市有十二個老人中心，其中的中正區老人中心便緊鄰植物園，要得到老人資源，唾手可得。若怕老，要和年輕人學時髦鬼混，西門町也在不遠處招手。

火車站、長途巴士轉運站、捷運、市公車、計程車和機場，也都環繞我左右，公車路線至少有二十路之多，有如計程車，隨招隨到，大眾交通真便利，對不耐久候的老人簡直如皇恩浩蕩。幾個傳統市場和超級市場更在不遠處。萬一體力不濟或四肢不勤，不想下鍋下廚，愛吃什麼口味，任我挑選。中正區的運動娛樂中心離家也近，內有游泳池、SPA、桌球、高爾夫球……要怎麼玩怎麼運動都行。

要老要年輕，要靜要動，都在我的掌握之下。思前想後，我主觀上認為這兒是全台灣最好，也最經濟實惠的養老社區。

相遇，相知的開始

當時的大廈主委是一位牙醫，在沒有民主的投票下，他好意任命我為大廈的文化部長，理由只有一個，我是作家。可不！龍應台後來不也成了文化部長？除此，我們的大廈同時還成立了體育部，並設有義務的乒乓球和網球教練。那是大廈第一次破天荒的開始進入現代化社區、同時告別舊時代的分水嶺。

既然憑空掉下來一個文化部長的頭銜，總得做事，才不辜負這樣的高位。做什麼呢？我的想法很多。在沒有經費，又想敦親睦鄰下，當時我有幾個不同的想法，其中的一個構想是，既然我在全台各地的演講經驗多，可以透過演講活動促進鄰居們互相認識，是一個不錯的想法，有點像是從前的農村雜貨店、或以廟宇作為村人活動的中心。人就是人，人不能離群索居。人，要的是一個能夠與人互動的環境與時刻，不論幾歲，心底都渴望被接納與接納人，並能擦出生命的火花。

不論火花是短暫的一瞥，或是長遠的存在，都震撼我們的內心深處。

我也想給大廈鄰居們一個可以爆發火花的種子。不論大家的生命多長，也不管我們相遇相處的時間長短，能夠彼此擦出生命的火花，就是閃閃發光的生命體。有些人會說，可遇不可求，我的想法是，擦出生命的火花是可以由人來創造出來的，既是可遇也可求。

為大廈安排演講活動，每月一講的想法就在這種新舊思想交替和些許的浪漫情懷下出爐了。我花很多時間，一戶戶的按門鈴拜訪和認識鄰居，常常在鄰居家聊天，一聊就幾個小時，甚至到深夜還欲罷不能。這樣的想法和行動要花很多時間，對很多人來說，在台北大都會是有點「天方夜譚」的感覺。不過，交朋友本來就需要花時間的，不是嗎？我相信，鄰居們也都想要一個有人情味的社區，一個可以借鹽巴要大蒜或泡茶喝咖啡閒嗑牙的社區。我更深信，沒有人想要都會的冷漠和疏離。因此，我知道，這個夢想一定可以成真，可以拉近鄰居之間的感情。

買厝就是買厝邊

做這些事情時，我的想法其實很簡單，買厝就是買厝邊。買到好厝邊，我就會有很多好朋友，這對已經身在中年的我，身心靈會更健康。那麼，我的晚年住在這兒，連門都不必上鎖，多自在啊！當然，平安幸福也會自然而然的在這兒等我。

足跡跨過五十幾個國度，看過五十幾個國家人民的生活方式，又在不同國度的人家借宿過不少次，那些自助旅行的經驗，讓我知道鄰居的重要性。從那些自助旅行的經驗中，我也瞭解到，不論我多麼喜歡他們，多愛那些國度，我還是深深的懂得「遠親不如近鄰」的真理。

當時在搬入新家時，除了兒子正在就讀建國中學的近程理由，我另有一個遠程目標，就是為我的晚年居住鋪路。

我理想中的老年社區，應該是有電梯、好鄰居、公園、醫院、博物館、音樂廳、戲劇廳、電影院、運動館……居住地點又在市中心，購物和探訪朋友也便利。如此一來，可以聊天、散步、就醫、欣賞藝術、看電影，還可以做運動，如游泳，甚至有靈魂知交常相左右。身心靈全面都被照顧到了，晚年的生命將是蓬勃而沒有侷限的。

就這樣，我只花了二十分鐘，就買到我理想的家。我的家很小，才二十坪，很適合一個人寫作兼居住。

滿足基本需求，身心皆顧

根據聯合國老年人口的統計，在性別的因素下，女性比男性活得長壽，活得老，性別不平衡，女人獨居必然是不可避免的未來趨勢。後來我在美國大學就讀，所修的老年學科的課本封面照片，就是九十歲的女兒和一百二十歲的媽媽一起吃早餐，還說那將成為未來普遍的社會現象。

看！我在還沒有到美國讀大學時，就已經看出將來趨勢的發展方向了。

人老了，需要的其實不多，只是要一個可以散步曬太陽的公園，好把老骨頭翻出來曝曬一番，以免發霉或長蟲生蛆，以及萬一保養不當，過了保護期限，生病時可以修修補補就醫的醫院。植物園的多元植物有充足的芬多精，可以把老化的靈魂攪和一番，荷花池畔的空曠長椅凳也能讓老骨頭躺著曬太陽，並和來此欣賞荷花的人閒聊幾句；而號稱全台第一的台大醫院及台北市立和平醫院都近在咫尺；附近還有許多博物館、美術館、紀念館、國家圖書館及其視聽中心、國家兩廳院也都在走路就可到達的距離。另外，大眾交通也便利，都符合我要的養老條件。

除了知心的老友外，也需要不必搭車就可以串門子聊天和互相幫助的好朋友。我認為，好朋友和好厝邊的重要性勝過子女、手足或伴侶。子女和手足雖是血親，但居住距離可能很遙遠，個性可能也不相容，甚至話不投機半句多。對於伴侶，我相信人愈老愈挑剔，要找到真正的對手，並且能一起活到一樣老，一樣健康，一樣快樂，一起死去，也就是人類心理發展學所說的靈魂伴侶，那才真是可遇不可求。由此，我確切的相信，進入老年，一個人到老，不只是偶然，而是必然。而老友吆喝來植物園相聚野餐喝咖啡聊天，多麼方便。老友來醫院就醫，需要就近借宿，順便聚聚，我的大門可是開著呢！

我的老年世界中心

每天到植物園散步曬太陽的老人很多，有外勞推著走的，也有自己推著輪椅的老人。常常，植物園還是老人和外勞的俱樂部。老人坐在輪椅上，有的眼神渙散，有的邊打瞌睡時邊流口水，還有的插著鼻管，誰也不認識，有的則由照顧的外勞攙扶著一步步艱困的走路。偶爾，五、六十或七十歲的子女也盡盡孝道，陪著老年的父母走路，或推輪椅上的父母邊走邊說話。照顧老年人的外勞則個個年輕美麗，她們不是用家鄉話一起聊天，就是用手機和朋友聊天，形成兩種截然不同的世界。

聽老人說話，或和老人說話的人少。根據老人們告訴我的，年輕人不喜歡和老人說話。我特別幸運，與年輕人不同，從小就特別喜歡聽長輩們說話。他們有的是時間，慢慢的說，和我父母的急性子帶來的壓迫感不同。

而聽老人說故事，可以解除老人的寂寞，這是從小就愛聽故事的我的福報。如果我沒有老到失聰的話，天天到植物園聽老人說故事，可以讓我返老還童，加上練氣功和運動，也許我有機會變成很老很老的老妖精，成為植物園的傳奇。並且，我還可以說故事給來植物園玩耍的小朋友們聽，不但可以讓他們看到我臉上的皺紋一條條如薯條，也會讓日夜照顧教養他們的疲憊父母鬆口氣。

在那些因素交叉下，植物園理所當然成了我的老年世界中心。大廈的鄰居也自然而然的成為我老年世界中心的小小宇宙。所以，經營我居住的大廈社區，就義不容辭了。

如此一番思前想後，我在按鄰居家的門鈴時，不只是勇氣十足，還帶著很多的想像，就像期待很久，要找回失聯的老友一樣。而且，我也想知道，我可以為大廈社區安排什麼樣的演講，我可以邀請誰當主講人，演講的主題是什麼，我又能如何將演講的主題搭配，並且引起鄰居聽講的興趣。

門一開，路也出來了。我不只要認識鄰居，也不只和他們交朋友，我還得在聊天中發覺他們的專長，並設計演講題目，還得鼓起三寸不爛之舌，鼓勵保守文化下的台灣人出來做公開的演講。

滿腹學問的老鄰居

這個任務一點也不簡單。幸而我天生的隨和個性和親切感及笑容，讓我一出馬就馬到成功。鄰居們一看到我，和我聊幾句話，就被我的熱情融化了，很快的認同我為社區辦演講的想法，而點頭應允我的邀請。當然，我也很佩服我擁有天生辨識人家的能力和鼓吹人家做事的能力。雖說如此，我更相信，他們內心底層本來就有對鄰居的需求。我只是點燃火種，讓火花迸出來。

就這樣，一次我就安排了連續半年的演講節目。第一個出來演講的人是我的八十八歲鄰居，林春朝先生。他的講題是「八八人生」。「八八」是好彩頭，聽起來就充滿了好運道。這是林先生人生中的第一場、也是目前唯一的一場公開演講。林先生上個月才過一百歲生日哩。

林春朝先生從四十幾歲開始攀登台灣的百岳，到七十歲停止登山時，一共已爬了四、五十座百岳。百岳是指台灣三千公尺以上的高山。對我這種身在海拔兩千公尺以上的山就容易有高山症的人而言，林春朝先生就是那些百岳，巍巍屹立在我心中。他還跟團或和在美國的次子結伴自助旅行。林先生不只走過世界五大洲，甚至還踩過美國的五十個州。而且，百年如一日，林先生晚上八點半就寢，早上三點半起床。起床盥洗後，他一個人就走路到對面的植物園做運動。耳聰目明、記憶力奇佳的林先生每天讀書，日文和中文書，古文書和現代書，都在他的床頭畔閃閃發光。他的養生之道，自然是我考慮送給我們大廈鄰居首選的養生養老智慧禮物。

從這樣的大廈演講安排來看，如何養老，如何老得優雅，老得自信，老得漂亮，老得健康，老得有尊嚴，老得迷人，老得風趣，老得智慧，老得多采多姿，甚至老得性感……都被含括在其中。

後來，半年的演講完成後，下半年的演講計畫又出爐了，演講者和聽眾仍然是自家人。接下來，第二年的全年演講，在第一年的成功演出後，順順利利的出場。

每次聽講，鄰居們都各帶一道菜到我們大廈的地下室去，一邊吃著各家不同口味的菜餚，一邊聽著鄰居的演講。演講者和聽眾之間，完全沒有距離。鄰居在兩年的月月相聚下，互動更加頻繁，加上我們有大樓圖書館可以借書，大樓讀書會和電影會在鄰居家交叉進行下，鄰居變成好朋友，也水到渠成。

看在眼裡，我暗爽在心裡，不禁對自己額手稱慶，「對！這就是我要的養老社區！」

老友要相聚，我快樂的說：「來吧！我家的大門隨時開著歡迎你來。我家有很大的花園，還聘有專人管理和照顧哩！」

一位好朋友收到我的E-mail時，誤以為我中了樂透彩，或有一個大咖的有錢男人供養我，不禁在信裡羨慕的說道：「看到妳這麼飛黃騰達，很為妳高興。妳真有錢，我一定要來妳的花園散步！」

當然，後來朋友知道我的花園，原來是「台北植物園」時，笑得不只是東倒西歪。

條條大道通老年

我的老年居家環境和構想看來是萬無一失，得意洋洋的我，連晚上睡覺做夢都在偷笑，覺得人生如此，夫復何求。

誰知道人算不如天算，我那從南美洲的祕魯交換一年的女兒，回到台灣的國中就踢到不補習的鐵板。掙扎了個把月後，我開始思考，山不轉，是否路轉？

這個凸槌事件，將我中年的如意算盤打亂，也改變了我的養老安老計畫和準備，並意外的開發了一條通往老年的羅馬之道。

【附錄二】老人權益篇

（一）老人教育與休閒（資料來源：內政部）

老人教育及休閒服務現況：

台灣已步入高齡化社會，在國人之健康生活充足、平均壽命延長之情形下，六十五歲以上老人退休之後的生活安排，顯得格外重要。除了部份老人投入再就業市場之外，隨著年齡的增長，適合老人的休閒、文康活動也與年輕時不同，且老人對於提昇精神生活的重視度也益加提高，故對於老人精神生活之充實將著重益智性、教育性、欣賞性、運動性並兼顧動靜態性質活動，以增進老人生活之適應及生命之豐富性。除此之外，教育老人接受自己老化的事實，及教育社會大眾接受生活自理缺損的老人亦為重要的課題。

一、長青學苑

為滿足老人求知成長的需求，利用老人文康中心或其他合適場所設立長青學苑，提供老人再充實、再教育機會，並擴大其生活層面。學習項目可包括多元性課程，以協助老人再成長，並適應變遷中的社會環境；課程約可區分為休閒性課程（國畫班、書法班、歌唱班、健身班等）、學習性（識字班、國語班、英語班、日語班等）、常識性（醫療保健常識班、法律常識班等）、社會性課程（親職教育、兩性教育、婚姻與家庭等）等。依本部九十一年度度補助規定：每班需收滿二十位老人以上方予補助，且每班期至少需為時三個月以上；每班最高補助六萬元；全國性單位每單位每年最高補助以不超過六十萬元為限。

二、屆齡退休研習活動

補助民間團體，對於即將退休者提供研習活動，以增強民眾規劃自身銀髮生涯的能力及相關知識的瞭解。

三、興設老人福利服務（文康活動）中心

為充實老人精神生活、提倡正當休閒聯誼、推動老人福利服務工作，本部每年均編列預算，鼓勵鄉鎮市區公所興設老人文康活動中心，並逐年補助其充實內部設施設備，以作為辦理各項老人活動暨提供福利服務之場所。目前台閩地區老人文康活動中心有二百九十二所，提供老人休閒、康樂、文藝、技藝、進修及聯誼活動。

另為配合老人福利服務需求，老人文康活動中心也成為福利服務提供的重要據點，諸如辦理日間照顧、長青學苑、營養餐飲、居家服務支援中心等。

四、各類優待措施

老人搭乘國內交通工具、進入康樂場所及參觀文教設施，予以半價優待，俾鼓勵老人多方參與戶外活動，以利身心健康。其中北、高兩市、及宜蘭、桃園、新竹、苗栗、彰化、嘉義、台東、澎湖、金門、連江、基隆市、台中市、台南市、新竹市、嘉義市等縣市，目前老人搭乘公車完全免費。

五、其他休閒育樂活動

各縣市政府為增添老人生活情趣，不定期舉辦敬老園遊會、長青運動會、槌球比賽、老人歌唱比賽等。

（二）財產信託（資料來源：中華民國老人福利推動聯盟）

信託是什麼？

「信託」是一種財產管理制度，在歐美國家已被廣泛的運用。這幾年來國內有多家銀行開辦接受個人財產信託，致力於個人財富保護、傳承。

信託法第一條指出「稱信託者，謂委託人將財產權移轉或為其他處分，使受託人依信託本旨，為受益人之利益或為特定之目的，管理或處分信託財產之關係」。

較簡單的講法就是說「我信任你並且把我的財產交付給你管理，在管理財產時，你必須遵照我指示的目的與方式，在幫我處理財產期間及最後到期時，你應該將我的財產交給我指定的人，我指定的人可以是我，也可以是別人」。

而在上面的說明裡，我是財產所有人，也就是委託人；你則是受託人，可以由銀行、律師、會計師擔任；我所指定的人則是受益人，可以拿到財產及獲得的利益。

因此，信託有以下三個重要的概念：

一、信託是一種處理財產的法律關係，受到法律的保障。

二、我必須要把財產暫時交給受託人。

三、受託人必須照我的想法訂定契約，並按照契約處理我的財產。

財產信託怎麼做？

信託法、信託業法陸續公佈實施後，近年來信託業務在相關業者及政府機關的努力下，有了多元的發展，報章雜誌也多所著墨、報導，信託制度在國外已行之有年，在國內也日漸普及，到底對我們日常生活上有何幫助、好處？而當我們有財產要進行信託時又該如何著手進行，我們可分以下八個步驟來討論。

步驟一、我有財產，何時及為何我需要將財產交付信託？

追求財富是大多數人一生努力的目標，在經歷了累積財富的辛苦過程包括工作、養育子女、從職場退休累積了退休的老本。然而在退休後，對自己的老本該如何規劃運用，才能讓自己無憂無慮地安養晚年？以前一般人會選擇的方式除了把錢存在銀行或買房子或買保險，現在多了另一種財產管理的方式叫做「信託」。

對一般人來說，自己的錢當然由自己管，為什麼要交給別人處理，有些人甚至不願親人知道自己有多少財產，怎麼還可能將財產交由他人管理。

另外，我自己管理財產與信託給銀行、律師、會計師有什麼不同?信託可以為我做些什麼？基於何種動機或目的我需要將財產信託？將財產交付信託管理可能有以下幾點考量：

一、信託財產具安全性：信託法第十二條規定，信託財產不得強制執行。原則上信託財產將不會受到辦理信託之後才產生之債務所波及，可防止如事業上的風險、為他人作保帶來的風險，可透過信託築起防火牆，使財產更加安全有保障。

二、節稅規劃：在某些情況，透過適當的信託規劃可以降低委託人所得稅、贈與稅及將來可能之遺產稅。

三、隱匿財產，避免不肖之徒覬覦：在詐騙集團橫行，下至販夫走卒上至高級知識份子皆無法倖免，如何將僅有的老本看緊，並減低被騙或被借的風險，將財產交付給信託業者或個人管理就是一個好方法。信託期間信託財產將交付受託人持有，可隱藏財產，也可避免一時不察，遭不肖之徒迷惑而有財產上的損失。

四、提早分配財產，完成財富傳承：子孫於上一代死後爭奪財產，時有所聞，甚而造成家族感情破裂，透過信託規劃可依照委託人意願將財產分配給指定受益人，避免子孫不必要的紛爭，若後代年紀尚小或對財產不善管理，亦可透過信託替其管理財產，完成財富的傳承，避免富不過三代，一個完美的信託計畫可代替遺囑的執行，完成委託人的遺志。

五、藉由受託人之專業能力來管理財產：當個人沒有足夠時間、精神、體力、能力，甚至不想耗費精神在財產管理上，透過信託機制可交由專業機構代為管理。例如年老時可能對五花八門的投資商品知識不足，不知如何選擇，或是體力不堪負荷，也可能不想浪費時間、精神在這些瑣事上，此時便可將財產交付信託。

步驟二、蒐集資訊

當確定要將財產交付信託後，我們可從以下幾個方面得到想要的資訊：

一、至各家銀行分行向理財顧問詢問：信託已成為財產規劃的重要方式，目前各家銀行在分行幾乎都有設置理財顧問，可就近詢問，一般而言理財顧問皆可提供初步建議，或聯繫信託部門提供所需的資訊。

二、電話詢問：可電洽各銀行信託部門詢問（參考附錄三），多數銀行皆有量身訂做之信託規劃業務，可滿足客戶不同信託目的的需求，另外有些會計師或律師也是可詢問之對象。

三、從網際網路上取得：如信託業公會網站或各大銀行網站上皆有信託商品之簡介。

步驟三、選擇商品

一、老人財產信託的種類：

(1) 金錢信託：我直接把錢拿去信託，常用的金錢信託有以下幾種。

1. 教養信託：可以幫我將我交付的財產依約定持續支付子女的生活教育費。

2. 贈與信託：可以幫我把財產逐年移轉給子女，來減少贈與稅。

3. 保險信託：當我發生事故身亡後，可以幫我把保險金依照契約管理使用，以照顧親人的生活。

4. 遺囑信託：當我過世後，可以按照契約幫我把全部或部份的遺產交付信託管理，來達到照顧親人未來的生活。

(2) 不動產信託：我把房子或土地拿去信託，讓銀行管理或開發。

1. 不動產開發信託：當我有一塊地想找建商合作蓋房子，可以將我的土地與建商的資金交給銀行管理。等房子蓋好之後，依約定的分屋比例分配後，由銀行將土地跟剩餘的錢還給地主跟建商。

2. 不動產管理信託：當我有房子目前沒有使用，可以透過信託將房子交給銀行進行出租管理，再按照契約決定租金如何使用及未來房子要怎麼處理。

3. 不動產處分信託：當我想要買賣或改建我的房子時，信託可以幫我處理資金交付與房子所有權狀之過戶，以避免發生糾紛。

二、要如何選擇：我們可就自身財產多寡、財產的種類及需求來選擇合適之信託商品，單就金錢信託而言我們還可因需求的不同，選擇不同的信託架構。我們也可依信託期間是否需要用錢，多久需支付乙次、交付的方式、依不同組合成不同運作模式的信託，例如:信託期間每年返還信託資產孳息給委託人，信託到期信託資產本金贈與他人。

三、建議的信託模式：而在諸多運作模式中，就銀髮族信託而言，建議使用以下運作模式，信託期間每月返還固定金額給委託人，信託到期剩餘信託資產返還委託人或贈與他人，每月返還委託人金額將作為養老生活費用，故金額大小視委託人生活實際需求彈性訂定，到期剩餘信託資產如贈與他人，我們可利用信託成立當年度委託人100萬元免稅贈與額度，套用國稅局贈與稅計算方式，調整期間委託人自益領回金額，達到完全免除贈與稅效果，於信託期間照顧自己晚年生活，信託期滿財產移轉子女而無須擔心遺產稅，一舉兩得。

信託期間長短建議委託人可視養老期間長短而定，盡量讓信託計劃照顧自己至死亡時，此外信託期間可約定除每月固定金額返還外，遇有臨時性資金需求，如旅遊、醫療等，經委託人提出申請可由信託資產撥付。

步驟四、選受託人

受託人可選擇個人（律師、會計師或親友）或信託業者（如銀行）。

一、若選擇個人為受託人，則要注意不能挑選未成年人、禁治產人與破產人來擔任受託人。惟因個人可能因為壽命或其他原因導致信託被迫終止，無法達到持續照顧我的目的。

⑴可選擇受益人的親屬、朋友擔任受託人來管理財產，優點是可以信任且免付管理費用；但缺點是不易監督且容易造成財產不當使用。

⑵可找律師或會計師擔任受託人，為避免受託人因故無法繼續管理財產，可預先明訂選擇繼任人選的方法。

⑶選信託業者為受託人，目前信託業者皆為銀行兼營之信託業，選擇時需要考慮並比較以下幾點：

1. 銀行所提供的信託商品跟我想要的是不是相同。

2. 收費標準，一般銀行收費有三個項目。（以新台幣為單位）

①簽約手續費：一次兩千元到三千元左右。

②修正或解約：一次一千元到兩千元左右。

③信託管理費：每年收取信託財產價值的千分之三到千分之五。

（以上三種費用僅供參考，且會依信託財產的多寡而有所變動，可以在簽約時與銀行討論收費標準。）

3. 收費方式及時間、財產價值計算方法。

4. 信用評價，選擇規模較大、服務有保障的銀行。

5. 服務的可近性，選擇離自己住家比較近的銀行。

6. 具承辦信託案件經驗及專業規劃能力的銀行。

步驟五、洽談契約

洽談契約前，有以下兩點需要先考慮並決定好：

一、決定由誰擔任委託人及受益人，需考慮稅賦的問題。

⑴由我自己當委託人及受益人，如此不需要被課贈與稅。

⑵由我自己當委託人，受益人為親屬，則會被課稅。

⑶由我將財產以一百萬為上限逐年移轉給親屬，之後由親屬擔任委託人及受益人，亦可免除課贈與稅。

⑷保險信託若為死亡保險金，則是由保險受益人擔任委託人與受益人，因此不會被課贈與稅。

二、信託監察人的設立。

(1)監察人的功能主要是監督受託人，是否有確實按照契約來照顧受益人。

(2)監察人可由委託人指定並在契約中註明。若無指定則由檢察官或親屬，向法院提出聲請選任信託監察人。

(3)監察人可被給予信託契約中未規定支出費用的同意權，若的確需要支出時，受託人要取得監察人的同意。

(4)監察人可被給予是否終止信託的同意權，以免信託被其他親屬隨便終止。

選定受託人後需與受託人充分溝通，擬定一份可滿足自己信託目的之契約。信託法第二條規定，信託，除法律另有規定外，應以契約或遺囑為之，如果受託人為信託業者，根據信託業法第十九條規定，信託契約訂定應以書面為之，並詳列以下十三款事項，我們就以此來看信託契約應記載哪些內容：

(1)委託人、受託人及受益人之姓名、名稱及住所：如為自然人應詳列姓名、身分證字號、地址，法人應列出負責人及公司統一編號，住所以可通知為要。

(2)信託目的：載明委託人信託原因，所欲達成之目的。

(3)信託財產之種類、名稱、數量及價額：如信託財產為金錢時要載明幣別及金額，如為房屋則詳列其門牌號碼。

(4)信託存續期間：如自簽約日起為期○年，至民國○○年○月○日止。

(5)信託財產管理及運用方法：明定受託人就信託財產之管理方式及運用範圍。

(6)信託收益計算、分配之時期及方法：信託利益如何計算，何時分配及如何移轉信託利益。

(7)信託關係消滅時，信託財產之歸屬及交付方式：如為金錢信託可明定信託關係消滅時信託資產移轉存入之帳號。

(8)受託人之責任。

(9)受託人之報酬標準、種類、計算方法、支付時期及方法：應包含受託人信託開始、期間、提前終止、到期可能收取之費用。

(10)各項費用之負擔及其支付方法：因信託契約、財產管理、信託利益分配、信託之執行所衍生而出之費用。

(11)信託契約之變更、解除及終止事由：包含契約可變更事項及契約變更之方式及需填寫文件；契約會解除及終止之情況。

(12)簽訂契約日期。

(13)其他法律或主管機關規定之事項。

步驟六、簽訂契約

簽約前可依照上述契約擬定重點再次審視是否符合自己的需求，簽約以一式兩份委託人、受託人各執一份為宜。與受託機構簽訂信託契約時委託人及受益人需攜帶身分證及印章，未成年人則需攜帶戶口名簿。

步驟七、交付財產

信託契約簽訂之後，委託人將進行信託財產交付，以下就不同財產種類之交付分別說明：

一、金錢：只要將金錢轉帳或匯入受託銀行所開立之信託專戶即可。

二、有價證券：委託人將有價證券信託予受託人，以該有價證券之管理、運用或處分為目的之信託。有價證券包括政府債券、公司股票、公司債券以及受益憑證、認購權證、認股權證等財政部所核定之有價證券。目前受託銀行接受辦理信託較多的為股票，必須依照規定辦理信託登記。信託法第四條規定，以有價證券為信託者，非依目的事業主管機關規定於證券上或其他表彰權利之文件上載明為信託財產，不得對抗第三人。以股票或公司債券為信託者，非經通知發行公司，不得對抗該公司。以有價證券信託者，除將有價證券所有權移轉外，需依相關規定作信託公式或登記。

三、土地建物：依民法規定不動產物權的變動，非經登記不生效力；信託法第四條規定，以應登記或註冊之財產權為信託者，非經信託登記，不得對抗第三人，是故以土地建物辦理信託者，除辦理所有權移轉登記外，需另為信託登記。

步驟八、信託爭議之處理與諮詢

當我的信託契約發生問題，或是我與受託人之間發生糾紛時，可以先跟受託人討論與協商。但如果無法協商出一個合理的結果，則可依據信託法向法院提出訴訟。

（三）失能老人的照護（資料來源：老人福利推動聯盟）

照護費用怎麼算

一、收費標準：

目前失能老人照顧機構的收費狀況分為：

1.統一價格：統一價格較無問題，你可以依據自己的負擔能力，來評估機構的收費標準是否合理。

2.分項收費：按照老人依賴程度分項目收費；老人依賴程度較高的話，所需的費用也會增加。

注意：採分項收費的機構雖然基本費用都比較低，但卻會另收各種其他費用，如需餵食、處理大小便、洗澡就加收一千元到兩千元「不等」的費用，最後不一定會比統一價格便宜。

二、保證金、疾病準備金：照顧機構一般都會收取「保證金」，原則上是以不超過收費的六倍為原則。某些機構也會收取「疾病準備金」，作為失能老人臨時住院時的準備費用。

三、自費項目：請機構說明照護費用包括那些項目，那些項目需自行負擔費用或額外收費，如醫療消耗器材、救護車、門診費等是否包括在基本費用中等問題。

四、短期離院收、退費問題：

⑴向機構確認老人短期離院的處理方式，例如離院就醫是否需付費保留床位？保留期限多長？

⑵短期離院回家時，可否退還一定比例之膳食費等。

五、拒絕不合理的額外收費：目前政府部門對於收費標準並無規範，若有業者假借政府名義，要求家屬依照其收費標準來繳費，或是繳交加菜金、年節加收費等額外費用，皆是政府未明文規定的範圍，你可以拒絕機構的要求。

目前照護機構與老人、家屬之間最常發生的爭議就是收費問題，因此建議你盡可能釐清確認上述問題，以避免爭議發生。而如果你有任何法律上的問題，你可以洽詢各縣（市）社會局，或是洽詢中華民國消費者文教基金會，聯絡電話是（02）2700-1234或是（02）2755-6037。

（四）照護機構的解讀（資料來源：中華民國老人福利推動聯盟）

機構式服務依不同的服務對象可分為下列五大類機構型態：

一、長期照顧機構：

(1)長期照護型機構——以罹患長期慢性病，且需要醫護服務之老人為照顧對象。

(2)養護型機構——以生活自理能力缺損需他人照顧之老人或需鼻胃管、導尿管護理服務需求之老人為照顧對象。

(3)失智照顧型——以神經科、精神科等專科醫師診斷為失智症中度以上、具行動能力，且需受照顧之老人為照顧對象。

二、安養機構：以日常生活能自理之老人為照顧對象。（健康老人機構式照顧，本章不討論。）

三、護理之家：以照顧罹患長期慢性疾病且需要醫護服務之病人。

四、身心障礙福利機構：提供身心障礙者托育養護照顧。

五、榮譽國民之家：提供榮譽國民之安養、養護、失智症照顧。

行政院農委會農業虛擬博物館
農村高齡者創新學習活動推動計畫
電話：（02）23443397
http://video.coa.gov.tw/oldindex.php
http://www.lohasfarm.com.tw/

二・非營利組織（社團）

國家衛生研究院
電話：（037）246166
中華民國老人福利推動聯盟
電話：（02）25927999

中華民國器官捐贈協會
電話：（02）27025150

中華民國家庭照顧者關懷總會
諮詢專線 0800-580-097
電話：（02）25111751

中華民國長期照護專業協會
電話：（02）25565880

中華民國長青協會
電話：（02）25310588

中華民國殘障聯盟
電話：（02）23697110

中華民國老殘關懷協會
電話：（02）22035170

中華民國老人福祉協會
電話：（02）22686436

中華民國老人福利協進會
電話：（02）27387235，
（02）27382357

中華社會福利聯合勸募協會
電話：（02）23782256

財團法人天主教康泰醫療教育基金會
電話：（02）23657780

財團法人天主教耶穌會新竹社會服務中心
電 話：（03）5224153

台灣失智症協會
電話:（02）33652826

社團法人中華民國老人福利機構協會
電話：（02）22340908

臺灣老人學學會
電話：（02）33663846

台灣安寧照顧協會
電話：（02）28081585

台灣樂齡發展協會
電話：（05）2720411#26107

台灣自殺防治學會 自殺防治中心（老人自殺）
生命線電話：1995
張老師電話：1980

行政院衛生署安心專線：0800-788-995

台灣基督長老教會艋舺教會松年大學
電話：（02）23810821

財團法人台北市老人基金會（服務全台灣及中國）
電話：（02）25333333

財團法人臺北市福澤慈善基金會（獨居老人）
電話：（02）28767228

甘霖慈善事業基金會
電話：（04）23761221

失蹤老人協尋中心
電話：（02）25971700

【附錄三】

相關資訊

一．政府機關老人部門

內政部社會司老人福利服務
電話：（02）23565000

行政院衛生署國民健康局
—中老年保健（健康老化）
台北：（02）29978616
台中：（04）22591999

我的E政府銀髮館
行政院研究發展考核委員會
總機：（02）23419066

教育部樂齡學習網
電話：（02）77365681

內政部北區老人之家
電話：（02）26668695

內政部中區老人之家
電話：（04）8742811

內政部南區老人之家
電話：（08）7223434

內政部東區老人之家
電話：（03）8221149

內政部澎湖老人之家
電話：（06）9217056

內政部彰化老人養護中心
電話：（04）7258131

臺北市政府社會局
電話：（02）27208889

高雄市政府社會局
電話：（07）3344885

新北市政府社會局
電話：（02）29603456

臺中市政府社會局
電話：（04）22289111

臺南市政府社會局
電話：（06）2991111

桃園縣政府社會局
電話：（03）3322101#6410

新竹縣政府社會處
電話：（03）5518101

苗栗縣政府勞動及社會資源處
電話：（037）322150

彰化縣政府社會處
電話：（04）7264150

南投縣政府社會處
電話：（049）2222106-9

雲林縣政府社會處
電話：（05）5522560

嘉義縣政府社會局
電話：（05）3620900

屏東縣政府社會處
電話：（08）7378821

宜蘭縣政府社會處
電話：（03）9328822

花蓮縣政府社會處
電話：（03）8227171

臺東縣政府社會處
電話：（089）340726

澎湖縣政府社會處
電話：（06）9274400

基隆市政府社會處
電話：（02）24201122

新竹市政府社會處
電話：（03）5216121

嘉義市政府社會處
電話：（05）2254321

金門縣政府社會處
電話：（082）324648，
（082）323019，
（082）373291

連江縣政府民政局
電話：（0836）25131

內政部輔具資源入口網
電話：（02）28743415，
（02）28743416

內政部以房養老試辦中心
諮詢專線：1957

長照十年專區（行政院衛生署）
總機電話：（02）85906666
長期照護幫您專線
4128080（幫您幫您）
手機撥打（02）4128080

衛生福利部食品藥物管理署
銀髮族正確用藥網
總機電話：（02）27878000，
（02）27878099

行政院衛生署
（1）安寧療護及器官捐贈意願資料處理小組
安寧服務電話：
（02）28081585
器捐服務電話：
（02）23582088（代表號）
網站服務電話：
（04）35065079

（2）衛生報導
http://www.dohpaper.tw/

四・高齡者就醫保健資訊

台北榮總高齡醫學中心
總機：（02）28712121 分機7830

臺北榮總身障重健中心
總機：（02）28757385

台中榮總高齡醫學中心
電話：（04）23592565 分機3391, 3392
高雄榮總高齡醫學中心
電話：（07）342-2121 分機2091

高齡相關網站彙整
http://aerc.ccu.edu.tw/50_special/52_report/h1010221.htm

相關資訊

失智症社會支持中心
電話：（02）33652826

弘道老人福利基金會
電話：（04）22060698

財團法人天主教曉明社會福利基金會
老人諮詢服務中心
電話：（04）22975930

財團法人老五老基金會
電話：（04）22463927

財團法人伊甸社會福利基金會
電話：（02）22395646

財團法人天主教失智老人基金會
電話：（02）23320992

創世社會福利基金會
電話：（02）28357700

高雄市長春老人關懷服務協會
電話：（07）3139595，（07）3119595

財團法人董氏基金會
電話：（02）27766133

利河伯社會福利基金會
電話：（04）22436960

華山社會福利慈善事業基金會
電話：（02）28363919

愚人之友基金會
電話：（049）2918500

彭婉如文教基金會（居家老人照顧）
總會與台北辦公室電話：（02）25216196
桃園聯絡處電話：（03）3382991

台中辦公室電話：（04）24724830

大里聯絡處電話：（04）24820181
台南辦公室電話：（06）2088362

三・相關醫療資訊網站

台灣老年學暨老年醫學會
http://www.tagg.org.tw/

台灣糖尿病協會
http://homepage.vghtpe.gov.tw/~meta/hospital/

全民糖尿病觀測站的E-Go健康網
http://www.diabetes.org.tw/wddt_ego.jsp

慈濟大學捐贈大體
http://www.silent-mentor.tcu.edu.tw/

國家網路醫院
http://hospital.kingnet.com.tw/

國家衛生研究院
http://www.nhri.org.tw/NHRI_ADM/userfiles/file/tcog/prostate.pdf

國家圖書館預行編目資料

後青春——優雅的老／丘引著. --初版. --臺北市:寶瓶文化, 2013. 9
面； 公分. --(enjoy；52)
ISBN 978-986-5896-41-6（平裝）

1. 老年 2. 生涯規劃 3. 生活指導

544.8　　102016848

enjoy 052

後青春——優雅的老

作者／丘引

發行人／張寶琴
社長兼總編輯／朱亞君
副總編輯／張純玲
資深編輯／丁慧瑋　編輯／林婕伃・周美珊
美術主編／林慧雯
校對／賴逸娟・陳佩伶・劉素芬・丘引
業務經理／黃秀美
企劃專員／林歆婕
財務主任／歐素琪　業務專員／林裕翔
出版者／寶瓶文化事業股份有限公司
地址／台北市110信義區基隆路一段180號8樓
電話／(02)27494988　傳真／(02)27495072
郵政劃撥／19446403　寶瓶文化事業股份有限公司
印刷廠／世和印製企業有限公司
總經銷／大和書報圖書股份有限公司　電話／(02)89902588
地址／新北市五股工業區五工五路2號　傳真／(02)22997900
E-mail／aquarius@udngroup.com

法律顧問／理律法律事務所陳長文律師、蔣大中律師
如有破損或裝訂錯誤，請寄回本公司更換
著作完成日期／二〇一三年七月
初版一刷日期／二〇一三年九月十三日
初版五刷+日期／二〇一八年十二月二十六日
ISBN／978-986-5896-41-6
定價／三五〇元

AQUARIUS 寶瓶文化事業

愛書人卡

感謝您熱心的為我們填寫，
對您的意見，我們會認真的加以參考，
希望寶瓶文化推出的每一本書，都能得到您的肯定與永遠的支持。

系列：Enjoy 052 **書名：後青春——優雅的老**

1. 姓名：＿＿＿＿＿＿＿＿ 性別：☐男 ☐女
2. 生日：＿＿年＿＿月＿＿日
3. 教育程度：☐大學以上 ☐大學 ☐專科 ☐高中、高職 ☐高中職以下
4. 職業：＿＿＿＿＿＿＿＿
5. 聯絡地址：＿＿＿＿＿＿＿＿＿＿＿＿＿＿＿＿
   聯絡電話：＿＿＿＿＿＿＿＿ 手機：＿＿＿＿＿＿＿＿
6. E-mail信箱：＿＿＿＿＿＿＿＿＿＿＿＿
   ☐同意 ☐不同意 免費獲得寶瓶文化叢書訊息
7. 購買日期：＿＿ 年 ＿＿ 月 ＿＿日
8. 您得知本書的管道：☐報紙／雜誌 ☐電視／電台 ☐親友介紹 ☐逛書店 ☐網路
   ☐傳單／海報 ☐廣告 ☐其他
9. 您在哪裡買到本書：☐書店，店名＿＿＿＿＿ ☐劃撥 ☐現場活動 ☐贈書
   ☐網路購書，網站名稱：＿＿＿＿＿＿ ☐其他＿＿＿＿＿
10. 對本書的建議：（請填代號 1.滿意 2.尚可 3.再改進，請提供意見）
    內容：＿＿＿＿＿＿＿＿＿＿
    封面：＿＿＿＿＿＿＿＿＿＿
    編排：＿＿＿＿＿＿＿＿＿＿
    其他：＿＿＿＿＿＿＿＿＿＿
    綜合意見：＿＿＿＿＿＿＿＿＿＿＿＿＿＿＿＿＿＿
11. 希望我們未來出版哪一類的書籍：＿＿＿＿＿＿＿＿＿＿＿＿

讓文字與書寫的聲音大鳴大放

寶瓶文化事業股份有限公司

（請沿此虛線剪下）

廣 告 回 函
北區郵政管理局登記
證北台字15345號
免貼郵票

寶瓶文化事業股份有限公司　收

110台北市信義區基隆路一段180號8樓
8F,180 KEELUNG RD.,SEC.1,
TAIPEI.(110)TAIWAN R.O.C.

（請沿虛線對折後寄回，謝謝）